领导干部履职核心能力建设书系
主编 时和兴

领导干部
调查研究能力建设

蔡礼强 张立进 著

中央党校出版集团
国家行政学院出版社
NATIONAL ACADEMY OF GOVERNANCE PRESS

图书在版编目（CIP）数据

领导干部调查研究能力建设 / 蔡礼强，张立进著
.—北京：国家行政学院出版社，2023.4
（领导干部履职核心能力建设书系 / 时和兴主编）
ISBN 978-7-5150-2750-0

Ⅰ.①领…　Ⅱ.①蔡…②张…　Ⅲ.①领导干部—调查研究—能力培养—研究—中国　Ⅳ.①D63

中国版本图书馆 CIP 数据核字 (2022) 第 241629 号

书　　名	领导干部调查研究能力建设 LINGDAO GANBU DIAOCHA YANJIU NENGLI JIANSHE
作　　者	蔡礼强　张立进　著
统筹策划	刘韫劼
责任编辑	王　莹　孔令慧
出版发行	国家行政学院出版社 （北京市海淀区长春桥路 6 号　100089）
综 合 办	（010）68928887
发 行 部	（010）68928866
经　　销	新华书店
印　　刷	北京盛通印刷股份有限公司
版　　次	2023 年 4 月第 1 版
印　　次	2023 年 4 月第 1 次印刷
开　　本	170 毫米 × 240 毫米　16 开
印　　张	10.25
字　　数	130 千字
定　　价	38.00 元

总序

领导干部是党和国家事业发展的“关键少数”，是党和国家事业的中坚力量。全面建设社会主义现代化国家，必须有一支政治过硬、适应新时代要求、具备领导现代化建设能力的干部队伍。领导干部的履职能力不仅体现干部队伍的整体素质，更关系党的长期执政、国家长治久安、人民长远幸福。培养造就信念过硬、政治过硬、责任过硬、能力过硬、作风过硬的领导干部队伍，对于实现新时代新征程中国共产党的使命任务，以中国式现代化全面推进中华民族伟大复兴，具有重要战略意义。

当前，世界百年未有之大变局加速演进，世界之变、时代之变、历史之变正以前所未有的方式展开，国内改革发展稳定任务艰巨繁重，给领导干部的履职能力提出了一系列新挑战、新要求。建设堪当民族复兴重任的高素质干部队伍，必须着力解决领导干部队伍中存在的本领恐慌、能力不足问题。新时代新征程新任务，要求各级领导干部不断提高政治能力，增强推动高质量发展本领、服务群众本领、防范化解风险本领，加强斗争精神和斗争本领养成，提高统筹发展和安全能力。

干部教育培训是干部队伍建设的先导性、基础性、战略性工程。为开发适应领导干部履职需要和学习特点的培训教材，助力打造高素质专业化干部队伍，我们以习近平新时代中国特色社会主义思想为指导，立足中央党校（国家行政学院）作为干部培训主渠道主阵地的职能定位，以党中央对领导干部队伍建设的最新要求为遵循，编写了“领导干部履职核心能力建设书系”，分设《领导干部政治能力建设》《领导干部意识形态能力建设》《领导干部群众工作能力建设》《领导干部调查研究能力建设》《领导干部依法治理能力建设》《领导干部应急处突能力建设》《领导干部心理调适能力建设》《领导干部数字治理能力建设》八册。其中，政治能力是首要能力，在领导干部干好工作所需的各种能力中是第一位的；意识形态能力是关键，反映领导干部在重大问题和重大考验面前辨别政治是非的素质和水平；群众工作能力是根本，是衡量领导干部政治上是否合格、工作上是否称职、领导能力强不强的基本标准；调查研究能力是基础，属于领导干部做好各项工作的前提和必备基本功；依法治理能力是保障，体现深化改革、推动发展、化解矛盾、维护稳定、应对风险的内在要求；应急处突能力是底线，既检验领导干部统筹发展与安全的专业水平，又检验领导干部的见识和胆识、定力和魄力；心理调适能力是支撑，为领导干部全力战胜前进道路上各种困难和挑战、稳定发挥其他各项能力提供内源性动力；数字治理能力是重点，是领导干部适应数字时代治理要求、激发治理活力、转化治理效能的关键性保证。这八大能力相辅相成，构成了新时代领导干部必备的履职能力体系。

本书系各分册的作者为中央党校（国家行政学院）、中国社会科学院大学等相关领域权威专家，保证内容的专业性和权威性。书系聚焦领导干部履职能力建设的核心问题，紧贴党中央关于干部队伍建设和干部教育培训要求，针对各级领导干部工作现实需要，侧重能力要求的理论分析和能力建设的方法阐释，既有深入浅出的学理阐释，又有生动透彻的案例解读，辅以知识链接、延伸阅读、深度思考等板块，启发领导干部坚持在干中学、学中干，在阅读和思考中深度共鸣，为加强各级领导干部履职核心能力建设提供实用参考。

时和兴

2022年11月

前　言

调查研究是我们党的传家宝，是党在百年发展进程中的历史经验总结和执政智慧结晶。调查研究是我们党实现正确领导的基础，也是做好一切工作的基础。我们党的发展历史充分说明，什么时候党员领导干部带头深入调查研究，全党大兴调查研究之风，党和人民的事业就会兴旺发达、蒸蒸日上；什么时候忽视调查研究或者对其重视不够，党和人民的事业就会遇到挫折、遭受损失。

对于党员领导干部而言，调查研究是做好一切工作的基础和必须具备的基本功。调查研究能力既是党员领导干部整体素质和综合能力的重要组成部分，也直接影响甚至决定着其他多种能力。调查研究是党员领导干部转变工作作风、密切联系群众、提高履职能力、强化责任担当的有效途径，也是党员领导干部向群众学习、向实践学习，不断提高自身能力的必要过程。党员领导干部所开展的一切工作都要建立在了解情况的基础之上，习近平总书记“没有调查，就没有发言权，更没有决策权”的著名论断，形象地说明了通过调查研究掌握情况是党员领导干部进行科学决策和实现正确领导的基石。

对于中国共产党而言，调查研究关系到全党事业的兴衰成败。如果没有深入实际的调查研究，就无法实现马克思主义基本原理与中国具体实际的有机结合，就没有马克思主义中国化及其在各个阶段的新发展。调查研究是全党认识世界的基本方法和实事求是的根本途径。正是通过持续不断的深入调查研究，全党才得以创立并始终坚持实事求是的思想路线和密切联系群众的群众路线，才得以实现马克思主义的中国化以及实践基础上的时代化创新发展。

调查研究作为实事求是的根本途径，直接关系到党风好坏和党性纯洁，关系到党的思想路线和群众路线的切实执行。党员领导干部深入群众调查研究，就可以把实事求是的思想路线和密切联系群众的群众路线有效贯通和有机统一起来，在调查研究与群众路线之间形成一种互相支撑、互相促进的紧密关系，使调查研究成为党员领导干部做好群众工作以及加强党性修养和作风建设的重要途径。脱离群众路线的调查研究，往往会成为“作秀式”、“盆景式”和“蜻蜓点水式”的形式主义和官僚主义的调研，这是大兴调查研究必须坚持党的群众路线的内在原因。

调查研究之所以具有如此重要的基础地位和重要作用，是因为调查研究是认识世界的基本方法。认识世界是改造世界的基础和前提，只有正确认识世界，才能有效改造世界。离开调查研究，将无法准确认识世界，更遑论改造世界。党员领导干部要担负好正确认识世界、作出科学决策和运用科学决策有效改造世界的重任，就必须深入实际调查研究。调查研究的过程就是党员领导干部进行科学决策的过程，也是推动科学决策贯彻落实的过程。

调查研究之所以能成为我们党的传家宝，最根本的原因就在于我们党在马克思主义理论指导下运用辩证唯物主义的世界观和方法论进行调查研究，能够有效推动党的理论创新和实践发展。

高度重视调查研究和擅于进行调查研究是以习近平同志为核心的党中央治国理政的突出特点和重要方法。习近平总书记关于调查研究的一系列精辟论述和重要指示，既深刻阐明了调查研究的极端重要性，也为党员领导干部运用调查研究做好各项工作提供了根本遵循。党的二十大报告要求党员干部特别是领导干部要带头深入调查研究；党的二十届二中全会号召全党大兴调查研究之风；2023年3月，中共中央办公厅印发《关于在全党大兴调查研究的工作方案》，紧紧围绕深入学习贯彻习近平新时代中国特色社会主义思想以及全面贯彻落实党的二十大精神进行工作部署，向全体党员干部特别是领导干部吹响和发出了深入实际、深入基层、深入群众调查研究的动员号和行动令。贯穿其中的内在基本要求就是党员领导干部的调查研究必须以马克思主义理论为指导，尤其要把握好习近平新时代中国特色社会主义思想的世界观和方法论，坚持和运用好贯穿其中的立场、观点、方法。

党员领导干部以习近平新时代中国特色社会主义思想为指导深入调查研究的过程，本身就是深刻领悟习近平新时代中国特色社会主义思想真理力量和实践伟力的过程，是更好运用这一重要思想指导工作实践，为人民群众办实事、与人民群众建立密切联系的过程，也是有效结合本地区本部门实际全面贯彻落实党的二十大精神的过程。以中国式现代化全面推进中华民族伟大复兴，必然要求党员领导干部带头深入调查研究。党员领导干部增强做好调查研究的思想自觉、政治自觉、行动自觉，全党养成经常性调查研究的蔚然风气，我们党在以中国式现代化推进中华民族伟大复兴的新征程上就会不断取得新的更大胜利，创造出无愧于党、无愧于人民、无愧于时代的新的伟业。

目录

CONTENTS

第一章 调查研究是我们党的传家宝

深入基层、深入群众调查研究是党员领导干部了解情况、获取信息的主要途径和基本方法，调查研究的首要功能就是获得正确认识。党员领导干部有效开展一切工作都要建立在了解情况的基础之上，没有调查研究，不了解情况，自然就没有发言权；不通过调查研究掌握客观事物的本质特征和内在规律，无法作出科学决策，也就没有决策权。没有调查研究就没有发言权与决策权充分说明调查研究是我们党实现正确领导的基础。党员领导干部的调查研究既要亲自出马又要深入群众，如果不亲自做调查研究，而只是坐在办公室里看材料听汇报，一方面很难真正掌握具体生动且复杂多样的现实情况，另一方面容易滋生脱离群众的官僚主义。

一、调查研究是中国共产党实现正确领导的基础

（一）没有调查研究就没有发言权

只有了解掌握客观情况，才有可能实现正确的领导。如果不了解情况，很难实现正确的领导。毛泽东把不了解情况就闭着眼睛瞎说看作是共产党员的耻辱，提出共产党员要注重调查、反对瞎说，提出了“没有调

查，没有发言权”。

没有调查就没有发言权是毛泽东在革命中对经验教训进行的总结。1928年，在湘赣边界革命形势一片大好的情况下，上级委派的代表不进行调查研究就盲目执行上级命令，导致湘赣边界“八月失败”。“湖南省委代表杜修经同志不察当时环境，不顾特委、军委及永新县委联席会议的决议，只知形式地执行湖南省委的命令，附和红军第二十九团逃避斗争欲回家乡的意见，其错误实在非常之大。”[①]正是经历了多次类似这种不了解情况就发号施令而导致的革命失败，毛泽东批评这种行为一定会弄坏事情，“许多巡视员，许多游击队的领导者，许多新接任的工作干部，喜欢一到就宣布政见，看到一点表面，一个枝节，就指手画脚地说这也不对，那也错误。这种纯主观地‘瞎说一顿’，实在是最可恶没有的。他一定要弄坏事情，一定要失掉群众，一定不能解决问题”[②]。

调查研究最直接最基础的作用就是让党员领导干部掌握准确的情况。虽然了解情况可以有多种途径，但深入基层、深入群众、深入实际的调查研究是党员领导干部全面了解情况、获取信息最基本、最可靠的手段。只有通过多层次、多方位、多渠道的深入调查研究，真正摸清本地区本部门本单位的

① 《毛泽东选集》第1卷，人民出版社1991年版，第52页。
② 《毛泽东选集》第1卷，人民出版社1991年版，第110页。

理论链接

一切实际工作者必须向下作调查。对于只懂得理论不懂得实际情况的人，这种调查工作尤有必要，否则他们就不能将理论和实际相联系。“没有调查就没有发言权”，这句话，虽然曾经被人讥为“狭隘经验论”的，我却至今不悔；不但不悔，我仍然坚持没有调查是不可能有发言权的。

——毛泽东：《〈农村调查〉的序言和跋》

实际情况，查明存在的突出问题，了解基层群众的愿望和想法、意见和态度，做到耳聪目明、心中有数，才能为实现正确领导奠定坚实的基础。

党员领导干部开展的一切工作都要建立在了解情况的基础之上。“领导机关的基本任务，就在于了解情况与掌握政策，而情况如不了解，则政策势必错误。”[①]准确了解情况是顺利开展工作的基础，而只有通过高质量的调查研究，才能比较准确地了解实际情况。

高质量的调查研究包括对客观情况的调查了解和对问题的分析研究。在调查了解实际情况的基础上，把问题的根源找准确，把现状弄明白，掌握了问题的本质和规律，就能找到解决问题的思路和办法。党员领导干部开展高质量的调查研究，不仅拥有了发言权，而且能推动问题有效解决。对此，毛泽东早在土地革命时期就形象地说，“调查就像‘十月怀胎’，解决问题就像‘一朝分娩’。调查就是解决问题”[②]。习近平总书记曾批评不能解决问题的调查研究是事倍功半，“这种调查多、研究少，情况多、分析少，不解决什么问题的调查研究，是事倍功半的”[③]。

没有调查研究就没有发言权，把调查研究看作领导干部做好一切工作的基础，成为党的一个重要领导经验和优良传统。社会主义建设初期出现的很多失误就是放松了调查研究，以感想代替实际，出台错误政策所导致的。正是因为深刻认识到这些失误和教训是由缺乏调查研究所导致的，当时党中央向全党县团级以上干部发信强调只有做好调查工作才能做好其他工作，“调查工作所以是领导工作的首要任务，是因为一切工作都必须从实际出发，调查工作做好了，其他工作才能做好”。号召全党干部一切从实际出发，“不调查没有发言权，必须成为全党干部的思想和

---

① 《毛泽东文集》第2卷，人民出版社1993年版，第360页。
② 《毛泽东选集》第1卷，人民出版社1991年版，第110—111页。
③ 习近平：《谈谈调查研究》，《学习时报》2011年11月21日。

行动的首要准则”[①]。

延伸阅读

毛泽东开创了中国共产党重视调查研究的优良传统

毛泽东是中国共产党调查研究实践、思想和理论的集大成者，是党内调查研究优良传统的开创者、推动者。毛泽东堪称调查研究的楷模和典范，重视调查研究、亲自从事调查研究贯穿毛泽东的一生。尤其是在土地革命战争时期，毛泽东亲自从事的调研次数之多，调研之深入，内容之翔实，范围之宽广，作风之扎实，影响之深远，实为国内外罕见。据《毛泽东年谱》记载，自1927年秋收起义到1934年10月红军长征，毛泽东进行了大量深入细致的调查研究，有明确记载的至少38次。就调研主题来看，有对一地政治、经济、社会基本情况的全面调查，有对土地问题的调查，有对政权建设典范工作的调查，有对战场情况的调查，有对斗争情况和策略的调查等。按调查方法归类，有综合调查、单项调查、典型调查以及会议调查等。

通过以马克思主义为指导的调查研究，中国共产党找到了马克思主义与中国革命实际相结合的正确方法，解决了对中国革命认识的关键问题，寻找到了中国革命的正确道路。毛泽东把调查研究看作是共产党的谋事之基，成事之道，不仅明确提出“没有调查，没有发言权”的思想，还进一步提出了“不做正确的调查同样没有发言权”的思想。毛泽东告诫党内同志，离开了实际情况的调查，就要堕入空想和盲动的深坑，要时时了解社会情况，时时进行实际调查。

---

① 《中共中央文件选集（1949年10月—1966年5月）》第36册，人民出版社2013年版，第382页。

毛泽东有关调查研究的代表作有《寻乌调查》《兴国调查》《长冈乡调查》《才溪乡调查》《反对本本主义》《〈农村调查〉的序言和跋》。

（**资料来源** 《毛泽东选集》《毛泽东文集》《毛泽东农村调查文集》《毛泽东传》。）

（二）没有调查研究就没有决策权

党员领导干部既要通过调查了解实际情况，获得讨论问题的发言权，还要在了解实际情况的基础上，进一步研究掌握客观实际问题的本质和规律，寻求解决问题的思路和对策。我们党之所以能在不同历史时期科学分析形势、准确把握条件，制定出正确的路线方针政策，就是因为党始终高度重视调查研究，把调查研究作为正确决策的根本前提和重要基础。

党员领导干部日常工作的基本任务之一就是作决策，如果不调查研究，不了解客观事物的本质特征和内在规律，就很难作出正确的决策，更谈不上推动工作的有效落实。准确掌握情况是正确认识问题和找到有效方法的前提。“通过调查研究，情况明了来下决心，决心就大，方法也就对。方法就是措施、办法，实现方针、政策要有一套方法。”①

中国共产党在土地革命战争时期通过大量深入细致的调查研究，经过多次调整完善，终于制定出了科学合理的土地政策，即是通过调查研究作出科学决策的一个鲜明例证。毛泽东建立井冈山革命根据地之后，自1928年就开始进行土地革命试点，先是提出没收一切土地平均分给农民的实施办法，后来在推进土地革命过程中，通过不断地调查研究，对土地政策进行了多次调整和完善。土地革命试点开始不久，1929年颁布的《兴国土地法》就把“没收一切土地”调整为“没收一切公共土地及

① 《毛泽东文集》第8卷，人民出版社1999年版，第235页。

地主阶级的土地”，使土地政策进一步优化。1930年5月，毛泽东进行的寻乌调查更是极大地促进了土地政策的调整和完善。毛泽东在寻乌调查后进一步弄清了富农问题，提出了“抽肥补瘦”的土地分配方案。正是这次调查研究使毛泽东深刻认识到对地主必须给予其生活出路，应酌量分给其田地。毛泽东在1941年曾专门谈到寻乌调查对作出正确土地革命决策所发挥的重要作用：“到井冈山之后，我作了寻乌调查，才弄清了富农与地主的问题，提出解决富农问题的办法，不仅要抽多补少，而且要抽肥补瘦，这样才能使富农、中农、贫农、雇农都过活下去。假若对地主一点土地也不分，叫他们去喝西北风，对富农也只给一些坏田，使他们半饥半饱，逼得富农造反，贫农、雇农一定陷于孤立。当时有人骂我是富农路线，我看在当时只有我这办法是正确的。”[①]类似寻乌调查这样大量深入细致的调查研究为制定正确的土地革命政策提供了实际依据，反映了中国共产党人通过调查研究对土地斗争认识的逐步深化过程。

中国共产党在土地革命战争时期的土地政策，从没收一切土地到只没收公共土地及地主阶级的土地，从按人口平均分配到按人口以乡为单位平均分配，从抽多补少到抽肥补瘦，从地主不分田、富农分坏田到地主也可以分田、实行按人口平均分配，极大地减少了革命的阻力，加快了革命进程，对中国革命的胜利起到了极为重要的关键作用。土地政策在革命进程中不断调整，充分说明中国共产党重视通过调查研究制定政策，并在政策执行过程中通过调查研究修改和完善政策。

正是因为深刻认识到调查研究对科学决策的重要作用，毛泽东强调共产党无论发展到什么阶段都要永远重视调查研究，“民主革命阶段，要进行调查研究，社会主义革命和社会主义建设阶段，还是要进行调查研究，一万年还是要进行调查研究工作。教条主义这个东西，只有原理原

① 《毛泽东农村调查文集》，人民出版社1982年版，第22页。

则，没有具体政策，是不能解决问题的。正确的策略只能从实践经验中产生，只能来源于调查研究”[①]。

调查研究对于科学决策的重要性，在党内已经成为广泛的共识。老一辈革命家陈云对此曾形象地说：“领导机关制定政策，要用百分之九十以上的时间作调查研究工作，最后讨论作决定用不到百分之十的时间就够了。”[②]习近平深刻总结了我党发展经验，强调调查研究对于党员领导干部的极端重要性，“调查研究是谋事之基、成事之道，没有调查就没有发言权，没有调查就没有决策权”。

二、党员领导干部要亲自深入群众进行调查研究

（一）亲自出马调查研究

没有调查研究就没有发言权和决策权，是针对党员领导干部来说的，意思是党员领导干部在讨论问题和作出决策之前，如果对情况不了解、对问题没有正确的认识，是不可能作出正确判断和科学决策的。党员领导干部要得到正确认识，应该亲自从事调查研究，不能假手于人；只是看材料听汇报，很难真正掌握具体生动并且复杂多样的现实情况。“做领导工作的人要依靠自己亲身的调查研究去解决问题。书面报告也可以看，但是这跟自己亲身的调查是不相同的。”[③]领导干部只有亲自做调查研究，才能直接了解真实的情况，对具体问题进行具体分析，并据此制定正确

① 中共中央文献研究室编《毛泽东年谱（1949—1976）》第4卷，中央文献出版社2013年版，第567页。

② 中共中央文献研究室编《毛泽东 周恩来 刘少奇 朱德 邓小平 陈云思想方法工作方法文选》，中央文献出版社1990年版，第417页。

③ 《毛泽东文集》第8卷，人民出版社1999年版，第253页。

的政策和策略。

毛泽东一贯倡导领导干部要亲自出马、自己记录、“身入”实际，进行全面系统的调查。“凡担负指导工作的人，从乡政府主席到全国中央政府主席，从大队长到总司令，从支部书记到总书记，一定都要亲身从事社会经济的实际调查，不能单靠书面报告，因为二者是两回事。”[①]这段话清楚地说明，在党委、政府或者其他任何组织担任领导工作的领导干部都需要亲自出马从事实际的调查研究工作。领导干部不仅要亲自出马调查研究，还要在调查过程中自己做记录。“调查不但要自己当主席，适当地指挥调查会的到会人，而且要自己做记录，把调查的结果记下来。假手于人是不行的。”[②]毛泽东是这样提倡的，也是这样去做的。据井冈山时期曾经参与毛泽东现场调查活动的革命家曾志回忆：“毛委员主持的几次座谈会，我都在边上旁听，有时还帮忙做些搬桌椅、挂黑板、倒开水等杂务。但毛委员就是不要我记录，每次都是他自己亲自记录，每场会下来都要记上好几张纸。”[③]

20世纪60年代初，我国经济因决策失误遭受严重困难。为应对当时的困难，毛泽东三次在全党号召要大兴调查研究之风，并专门给刘少奇、周恩来、朱德、陈云、邓小平等中央领导写信，提出要“作系统的亲身出马的调查，而不是老爷式的调查”。毛泽东严厉斥责不到群众中做调查的主观主义行为，“各级党委，不许不作调查研究工作。绝对禁止党委少数人不作调查，不同群众商量，关在房子里，作出害死人的主观主义的所谓政策”[④]。毛泽东的号召推动全党重新认识和广泛开展调查研究，刘少奇、周恩来、朱德、陈云、邓小平等中央领导同志都亲自深入基

① 《毛泽东选集》第1卷，人民出版社1991年版，第117页。
② 《毛泽东选集》第1卷，人民出版社1991年版，第118页。
③ 曾志：《一个革命的幸存者：曾志回忆录》，四川人民出版社2020年版，第89页。
④ 《毛泽东文集》第8卷，人民出版社1999年版，第272页。

层、深入群众开展了扎实细致的调查研究，为调整政策、迅速扭转经济困难局势奠定了重要基础。

习近平是亲自从事调查研究的典范。习近平到宁德任地委书记时，刚就任就开始下基层调研，一个县一个县跑，用一个多月的时间把宁德下辖9个县市全部跑遍了。“大概一个多月时间，跑了9个县区、13个乡镇、18个村、12家工厂电站及学校。”[①]这些扎实、深入的调查研究，使习近平给当地干部留下了深刻的第一印象：“不是一个坐在办公室里听汇报的领导，而是向基层要真相、要思路、要答案的务实领导。”[②]

在“十四五”规划编制期间，习近平亲自开展了广泛深入的调查研究，把加强顶层设计和坚持问计于民统一起来。在同基层代表座谈会上，习近平再次强调了党在决策前重视调查研究的优良传统，“好的方针政策和发展规划都应该顺应人民意愿、符合人民所思所盼，从群众中来、到群众中去。长期以来，我们党在出台重要方针政策、作出重大决策部署前，都要求有关部门深入基层调查研究，了解和掌握第一手材料”[③]。

党员领导干部亲自从事调查研究，不仅是一个工作方法问题，同时也是一个工作态度问题和工作作风问题。亲自调查研究成为我们党的优良传统，同时也是衡量党员领导干部能力和作风的一个重要标准。

延伸阅读

习近平把调查研究作为做好工作的基本功和必修课

习近平注重调查研究的特点并一以贯之。比如，他在福建省工作时提

① 中央党校采访实录编辑室：《习近平在宁德》，中共中央党校出版社2020年版，第60页。
② 中央党校采访实录编辑室：《习近平在宁德》，中共中央党校出版社2020年版，第2页。
③ 《习近平谈治国理政》第4卷，外文出版社2022年版，第58页。

出“对口帮扶、山海协作、协同发展”，举全省之力，加快山区脱贫。为了做好这项工作，他带队整整调查了8个月，在充分了解各个地区的现状之后，提出了非常有针对性的举措。

习近平做任何工作，都建立在充分调查研究的基础上。他曾说“做事的第一步就是‘谋’”。他向来都是把谋划放在第一位，在谋划的基础上真抓实干，从不盲目地“大干快上”，更不会糊里糊涂地干。在作出一项举措之前，他会找干部谈、找专家谈、找老同志谈，充分论证，听取各方面意见，并经常跑下去，开座谈会调研，倾听“八面来风”。

习近平把调查研究作为正确决策的根本保证。“他不管身在何处、官居何职，总能深入基层，总能到老百姓身边调查研究，这既反映了他扎实的工作作风，又体现了他高超的领导智慧和艺术。”

习近平把下基层调研看作是做好工作的必修课。“在他看来，到基层去、到群众中去，是做好工作的必修课。他觉得，有一段时间不下去了解情况，不跟群众接触，就好像缺了点儿什么，所以一定要下去调研，到基层了解实际情况。而他每次到基层去，都是如鱼得水，充分接触群众，全面了解基层实际，研究方针政策措施，帮助老百姓和基层解决具体问题。”

（**资料来源** 中央党校采访实录编辑室：《习近平在福建》上册。）

（二）深入群众调查研究

高质量的调查研究既能够解决问题，同时也必须是深入群众之中、密切联系群众的。邓小平依据自己和全党多年的领导经验，精辟地指出密切联系群众的调查研究对于我们党实现正确领导的极端重要性，“离开群众经验和群众意见的调查研究，那末，任何天才的领导者也不可能进行正确的领导”[①]。党员领导干部如果不能集中群众的经验和智慧，将无法实现正确的领导。这是因为人民群众是实践的主体和认识的主体，人民群众的社会实践是获得正确认识的源泉，也是检验和深化认识的根本所在。

党员领导干部搞好调查研究，必须站在人民群众的立场上，牢牢坚持一切为了群众、一切依靠群众的群众观点，始终坚持从群众中来、到群众中去的群众路线，深入人民群众之中并与人民群众建立密切的联系。党员领导干部深入人民群众和基层一线进行系统周密的调查研究，不但有助于准确了解情况、正确认识问题，还能了解群众的期盼和要求，关注群众的情绪和意见，总结群众的经验和创造，学习群众的智慧和方法。在调查研究基础上根据实际情况、群众意愿进行决策，自然有助于作出既符合客观实际又能满足群众需要和意愿的正确决策。

毛泽东在革命初期就是通过深入群众的调查研究制定正确的战略和策略的。他强调一定要深入群众之中调查了解群众的实际经验。“共产党的正确而不动摇的斗争策略，决不是少数人坐在房子里能够产生的，它是要在群众的斗争过程中才能产生的，这就是说要在实际经验中才能产生。因此，我们需要时时了解社会情况，时时进行实际调查。”[②]毛泽东严肃批评一些“坐在机关里面打瞌睡，从不肯伸只脚到社会群众中去调查调查”的同志，并向不重视调查研究的党员干部大声疾呼“到群众中作实际调查去！”[③]在毛泽东大力倡导和亲自实践的带动下，深入基层群众密切联系群众的调查研究成为中国共产党的优良传统和宝贵经验。

习近平经常说，老百姓心中有杆秤，能称出基层党员干部的分量，“老百姓在干部心中的分量有多重、干部在老百姓心中的分量就有多

① 《邓小平文选》第1卷，人民出版社1994年版，第219页。
② 《毛泽东选集》第1卷，人民出版社1991年版，第115页。
③ 《毛泽东选集》第1卷，人民出版社1991年版，第116页。

重”[①]。这句话正是习近平发自内心重视群众和全心全意为了群众的生动写照。他经常深入基层群众调研，时时处处体现出对群众的关心和真情。据习近平在宁德工作时期陪同他调研的工作人员回忆，他下乡调研时从不讲究吃住，总是把自己放在和群众平等的位置上，和群众拉近关系不是靠嘴上说说，而是用自己的实际行动和具体细节来体现如何理解群众、贴近群众、融入群众，和老百姓拉家常，感觉和他没有任何隔阂。

延伸阅读

习近平调研过程中用黑茶杯喝茶的故事

习近平在厦门任职期间“上高山、下海岛”开展调研工作，据陪同调研的时任厦门同安县县长回忆，习近平上班第三天就带队到同安县调研，在任职期间到同安县调研的次数非常多，具体到底多少次都记不清了，但端起黑茶杯就喝的印象非常深刻。“每到一个地方，他都与大家一起坐小板凳，和群众亲切交谈。厦门当地人喜欢喝茶，茶杯因常年使用，有一层黑黑的茶渍。村支书本来要拿新茶杯给近平同志用，可他说不必了，就跟大家一起用黑茶杯喝茶。老百姓没想到，这个副市长一点都不介意用黑茶杯。近平同志这样做，一下子就拉近了与群众的距离。”

（**资料来源**　中央党校采访实录编辑室：《习近平在厦门》。）

只有真正心系群众，才能真正做好深入群众的调查研究工作。深入群众之中并密切联系群众的调查研究，与群众面对面、心贴心，既能与群众建立真感情，又能汇集群众的智慧和经验，摸实情况、找准问题。

① 习近平：《之江新语》，浙江人民出版社2007年版，第216页。

党员领导干部深入群众、密切联系群众调查研究的过程，其实也是践行群众路线的过程。从群众中来的过程，就是深入群众之中通过调查研究了解群众生产生活情况和意见建议的过程；到群众中去的过程，就是向群众宣传解释党的路线方针政策，并通过调查研究了解政策执行情况和效果的过程。群众路线之所以是马克思主义的根本认识路线，是因为群众路线是以调查研究为基础并把调查研究贯彻于认识过程始终。可以说，党员领导干部如果不深入群众并密切联系群众开展调查研究，既难以得到正确的认识，也无法真正切实地践行群众路线。

第二章 调查研究关系党的事业的兴衰成败

调查研究是认识世界的基本方法和实事求是的根本途径，离开调查研究，将无法准确认识世界。党员领导干部不重视调查研究，就无法做到实事求是，而脱离实际既是作风不良也是党性不纯的表现，由此可以说，调查研究直接关系到党风好坏和党性纯洁。

中国共产党的调查研究要以马克思主义辩证唯物主义的世界观和方法论为指导。以马克思主义辩证唯物主义的世界观和方法论为指导的调查研究既在马克思主义基本原理与中国具体实际相结合的过程中发挥着基础性关键作用，也对推动中国共产党实事求是的思想路线和密切联系群众的群众路线的形成和坚持发挥着极为重要的作用。对于党员领导干部来说，调查研究是必须掌握的基本功；对于中国共产党来说，调查研究是做好一切工作的基础，是关系党的事业兴衰成败的大问题。

一、调查研究是认识世界和改造世界的基础

（一）调查研究是认识世界的基本方法和实事求是的根本途径

调查研究是认识世界的基本方法，离开调查研究，

将无法准确认识世界。毛泽东在《实践论》中强调实践在认识中的基础性地位，"辩证唯物论的认识论把实践提到第一的地位，认为人的认识一点也不能离开实践，排斥一切否认实践重要性、使认识离开实践的错误理论"。实践性是辩证唯物论最主要的特点，"实践的观点是辩证唯物论的认识论之第一的和基本的观点"①。调查研究就是深入实际了解实践的过程，就是从实践到认识再到实践的认识过程。

辩证唯物论基于实践、由浅入深的关于认识发展过程的理论既指出了离开实践的认识是不可能的，也说明了认识是一个逐步深化的过程。基于实践逐步深化的认识过程包括感性认识和理性认识两个阶段，"理性认识依赖于感性认识，感性认识有待于发展到理性认识，这就是辩证唯物论的认识论"②。辩证唯物论的认识过程就是实事求是的过程，深入实践了解事实是获得感性认识的阶段，在了解事实的基础上寻求规律是理性认识的阶段。所以说，辩证唯物论的认识论就是实事求是。辩证唯物论对实践高度重视，寻求实事求是的过程就是进行调查研究的过程，要做到实事求是必须进行调查研究。

调查研究是不断加深对客观实践认识的过程，是实事求是的根本途径和重要手段。实事求是的前提和基础是重视事实、了解事实，"讲实事求是，先要把'实事'搞清楚"，陈云的这句名言清楚地说明了调查研究的地位。③ 实事求是的基础是弄清事实，要弄清事实必须认真进行调查研究。弄清事实是贯彻实事求是的关键，也是调查研究的关键。弄清事实只是感性认识阶段，调查研究还要在弄清事实的基础上，进一步通过研究寻求掌握客观实际的本质特征和内在规律，也就是达到理性认识阶

---

① 《毛泽东选集》第1卷，人民出版社1991年版，第284页。

② 《毛泽东选集》第1卷，人民出版社1991年版，第291页。

③ 刘家栋:《陈云与调查研究》，中央文献出版社2004年版，第80页。

段的求“是”。调查研究过程就是实事求是的过程，这个过程本身就包含感性认识和理性认识两个阶段、弄清事实和寻求规律两个目标。可以说，实事求是是调查研究的根本，调查研究必须努力做到实事求是。

认识到了实践在认识中的重要性和调查研究是实事求是的根本途径，才会高度重视调查研究。习近平在2021年秋季学期中央党校（国家行政学院）中青年干部培训班开班式上勉励中青年干部要努力成为可堪大用、能担重任的栋梁之才，要求中青年干部一定要掌握调查研究这个深入实际、了解实际的基本功，“坚持从实际出发，前提是深入实际、了解实际，只有这样才能做到实事求是。同样，只有有实事求是的态度才能重视深入实际、了解实际。要了解实际，就要掌握调查研究这个基本功”[①]。

调查研究是认识世界的基本方法和实事求是的根本途径，离开了调查研究既无法准确认识世界，也不可能做到实事求是。就此而言，调查研究显然是党员领导干部必须掌握的基本功。

（二）调查研究关系到党性纯洁与党风好坏

调查研究是实事求是的根本途径。党员领导干部不重视调查研究，不能实事求是地了解实际情况，被明确列为违反党性的典型表现。习近平明确强调实事求是就是最大的党性，“坚持从实际出发、实事求是，不只是思想方法问题，也是党性强不强问题”[②]。领导干部如果不通过调查研究了解实际情况，就无法做到实事求是所要求的讲真话、讲实话、干实事、求实效。而要加强求真务实的党性修养和锻炼，就必须重视和加强调查研究。

党风是党的作风，是党员干部内在价值观与外在态度和行为表现的统一体。全党干部思想和行为的首要准则是实事求是和群众路线，表现为思

① 《习近平谈治国理政》第4卷，外文出版社2022年版，第526页。
② 《习近平谈治国理政》第4卷，外文出版社2022年版，第527页。

想上的党风就是理论联系实际和实事求是的作风，表现为行为上的党风主要是密切联系群众的作风。作风问题本质上也是党性问题，党员领导干部不注重调查研究、不密切联系群众，既是作风不良也是党性不纯的表现。

调查研究既是实事求是的根本途径，也是践行群众路线的主要形式。践行群众路线离不开调查研究，深入群众调查研究的过程同时就是践行群众路线的过程。党员领导干部如果不认真调查研究，既无法做到实事求是，也不可能真正践行群众路线。党员领导干部不重视调查研究，不能深入群众，不与群众建立密切的联系，不仅会违反党性，也必然会产生脱离实际的形式主义作风和脱离群众的官僚主义作风。形式主义作风和官僚主义作风都是不好的党风，本身也是党性不纯的表现。正是因为调查研究直接关系到党性纯洁和党风好坏，关系到党的思想路线和群众路线的贯彻落实，所以加强和推动调查研究就成为强化党性纯洁、抵制不良党风的重要途径。

毛泽东在中国革命实践中痛感主观主义者和教条主义者不深入了解中国具体实际，给中国革命带来了严重灾难和惨痛损失。在同党内主观主义特别是教条主义斗争的过程中，毛泽东通过大量调查研究找到了实现实事求是以及密切联系群众的正确途径和方法，并且逐步形成了实事求是的思想路线和密切联系群众的群众路线。正是因为充分认识到调查研究的极端重要性，1941年，毛泽东代中央起草了《中共中央关于调查研究的决定》，要求全党加强调查研究。该决定指出，党内仍然严重存在着粗枝大叶、不求甚解、自以为是、主观主义、形式主义的作风，这些不良作风主要是不重视调查研究所导致的。“粗枝大叶、自以为是的主观主义作风，就是党性不纯的第一个表现；而实事求是，理论与实际密切联系，则是一个党性坚强的党员的起码态度。”①在这个重要决定里，毛泽东

① 《毛泽东文集》第2卷，人民出版社1993年版，第361页。

既强调了调查研究的极端重要性，又精辟地指出了调查研究与党风和党性的内在关系。

延伸阅读

中共中央关于调查研究的决定

（一九四一年八月一日）

二十年来，我党对于中国历史、中国社会与国际情况的研究，虽然是逐渐进步的，逐渐增加其知识的，但仍然是非常不足；粗枝大叶、不求甚解、自以为是、主观主义、形式主义的作风，仍然在党内严重地存在着。抗战以来，我党在了解日本、了解国民党、了解社会情况诸方面是大进一步了，主观主义、形式主义作风也减少了。但所了解者仍然多属粗枝大叶的、漫画式的，缺乏系统的周密的了解，主观主义与形式主义作风并未彻底消灭。对于二十年来由于主观主义与形式主义，由于幼稚无知识，使革命工作遭受损失的严重性，尚未被全党领导机关及一切同志所彻底认识。到延安来报告工作的同志，其中的多数，对于他们自己从事工作区域的内外环境，不论在社会阶级关系方面，在敌伪方面，在友党友军方面，在自己工作方面，均缺乏系统的周密的了解。党内许多同志，还不了解没有调查就没有发言权这一真理。还不了解系统的周密的社会调查，是决定政策的基础。还不知道领导机关的基本任务，就在于了解情况与掌握政策，而情况如不了解，则政策势必错误。还不知道，不但日本帝国主义对于中国的调查研究，是如何的无微不至，就是国民党对于国内外情况，亦比我党所了解的丰富得多。还不知道，粗枝大叶、自以为是的主观主义作风，就是党性不纯的第一个表现；而实事求是，理论与实际密切联系，则是一个党性坚强的党员的起码态度。我党现在已是一个担负着伟大革命任务的大政党，必须力戒空疏，力戒肤浅，扫除主观主义作风，采取具体办法，加重对于历史，对于环境，对于国内外、省内外、县内外具体情况的调查与研究，方能有效地组织革命力量，推翻日本帝国主义及其走狗的统治。为此目的，特决定办法如下：

（一）中央设置调查研究机关，收集国内外政治、军事、经济、文化及社会阶级关系各方面材料，加以研究，以为中央工作的直接助手。

（二）各中央局、中央分局、独立区域的区党委或省委，八路军、新四军之高级机关，各根据地高级政府，均须设置调查研究机关，收集有关该地敌友我政治、军事、经济、文化及社会阶级关系各方面材料，加以研究，以为各该地工作的直接助手，同时供给中央以材料。

（三）关于收集材料的方法，举例如下：第一，收集敌、友、我三方关于政治、军事、经济、文化及社会阶级关系的各种报纸、刊物、书籍，加以采录、编辑与研究。第二，邀集有经验的人开调查会，每次三五人至七八人，调查一乡、一区、一县、一城、一镇、一军、一师、一工厂、一商店、一学校、一问题（例如土地问题、劳动问题、游民问题、会门问题）的典型。从研究典型着手是最切实的办法，由一典型再及另一典型。第三，在农村中，应着重对于地主、富农、商人、中农、贫农、雇农、手工工人、游民等各阶层生活情况及其相互关系的详细调查；在城市中，应着重对于买办大资产阶级、民族资产阶级、小资产阶级、贫民群众、游民群众及无产阶级的生活情况及其相互关系的详细调查。第四，利用各种干部会、代表会收集材料。第五，写名人列传。凡地主、资本家财产五万元以上者，敌军、伪军、友军团长以上的军官，敌区、友区县长以上的官长，敌党、伪党、友党县以上的负责人，名流、学者、文化人、新闻记者在一县内外闻名者，会门首领、教派首领、流氓头、土匪头、名优、名娼，以及在华外人活动分子，替他们每人写一数百字到数千字的传记。此种传记，要责成地委及县委同志分负责任，传记内容须切合本人实际。同时注意收集各种人员的照片。第六，个别口头询问。或派人去问，或调人来问，问干部、问工人、问农民、问文化人、问商人、问官吏、问流氓、问俘虏、问同情者，均属之。第七，收集县志、府志、省志、家谱，加以研究。

（四）除中央及各地的调查研究机关外，必须动员全党、全军及政府之各级机关及全体同志，着重对于敌友我各方情况的调查研究，并供给上级调查研究机关以材料。

（五）向各级在职干部与训练干部的学校，进行关于了解客观情况（敌、友、我三方）的教育。鼓励那些了解客观情况较多较好的同志，批评那些尚空谈不实际的同志；鼓励那些既了解情况又注意政策的同志，批评那些既不了解情况又不注意政策的同志。使这种了解情况、注意政策的风气，与学习马列主义理论的风气密切联系起来。在学习中反对不管实际只记条文的风气，反对将学习马列主义原理原则与了解中国社会情况、解决中国革命问题互相脱节的恶劣现象。要提倡干部与学生看报，指导看报方法，指导他们分析时局的每一变动。要供给干部与学生关于国内外、省内外、县内外各种情况的实际材料，把讲授与研究这些材料及其结论当作正式课程，给与必要时间，并实行考绩。

（六）责成各级党部将本决定与中央七月一日所发关于增强党性的决定联系起来，向党的委员会及干部会议作报告，并讨论实施办法。

毛泽东不仅把调查研究上升到关系党风和党性的高度来看待，还把调查研究作为转变党的作风的基础一环，把调查研究提高到克服唯心主义、防止盲动主义错误的哲学高度来认识。毛泽东把调查研究作为克服和纠正主观主义的方法，“使党员注意社会经济的调查和研究，由此来决定斗争的策略和工作的方法，使同志们知道离开了实际情况的调查，就要堕入空想和盲动的深坑”[①]。

延伸阅读

改进调查研究作为中央八项规定第一条在改进工作作风中发挥重要作用

党的十八大以来，以习近平同志为核心的党中央坚定推进全面从严治党，从制定和落实中央八项规定破题，以上率下抓作风建设。而中央八项规定的第一条就是改进调查研究，“要改进调查研究，到基层调研要深入了解真实情况，总结经验、研究问题、解决困难、指导工作，向群众学习、向实践学习，多同群众座谈，多同干部谈心，多商量讨论，多解剖典型，多到困难和矛盾集中、群众意见多的地方去，切忌走过场、搞形式主义；要轻车简从、减少陪同、简化接待，不张贴悬挂标语横幅，不安排群众迎送，不铺设迎宾地毯，不摆放花草，不安排宴请”。

制定和落实包括改进调查研究在内的中央八项规定对于我们党始终保持党的先进性和纯洁性、始终保持党同人民群众的血肉联系，使我们党始终成为中国特色社会主义事业的坚强领导核心，具有十分重要的意义。

鉴于中央八项规定在全面从严治党中所发挥的重要作用，党的二十大报告再次强调要继续深入贯彻中央八项规定精神，锲而不舍落实中央八项规定精神，持续深化纠治“四风”，重点纠治形式主义、官僚主义，坚决破除特权思想和特权行为。

---

① 《毛泽东选集》第1卷，人民出版社1991年版，第92页。

二、调查研究要在马克思主义理论指导下并推动其与中国实际相结合

（一）调查研究要以马克思主义辩证唯物主义的世界观和方法论为指导

作为中国共产党的传家宝，调查研究关系党的事业的兴衰成败，自然不同于其他政党和普通学者所开展的一般性调查研究。中国共产党及党员领导干部开展的调查研究与其他各种调查研究的最本质区别就在于是否有马克思主义的理论指导，是否运用了马克思主义的立场、观点和方法。

中国共产党所倡导的调查研究，既要通过了解实际情况做到实事求是，也要纠正不考虑实际情况而照搬套用的本本主义。中国共产党的调查研究是克服本本主义的锐利武器，但并不是不要“本本”，尤其是作为立党立国根本指导思想的马克思主义。马克思主义是我们党的灵魂和旗帜，中国共产党的调查研究必须掌握和运用马克思主义。有了马克思主义理论指导，坚持和运用马克思主义的立场、观点、方法，就会真正重视社会实践，才能够深入群众之中进行调查研究。有了马克思主义理论指导，能够运用马克思主义的立场、观点、方法对客观实际和社会实践进行研究，不但能找出客观实际的内在规律，而且可以进一步实现马克思主义基本原理与中国具体实际的有机结合。

运用马克思主义理论指导调查研究，必须掌握辩证唯物主义世界观和方法论。没有辩证唯物主义世界观和方法论作指导，不会真正重视从实际出发的调查研究；即使进行了调查研究，对于实地调查获得的材料，也很难从客观实际中找到事物的本质和规律。有了辩证唯物主义世界观

和方法论的指导，就会坚持从客观实际出发制定政策。“学习掌握世界统一于物质、物质决定意识的原理，坚持从客观实际出发制定政策、推动工作。”[①] 从客观实际中认识和掌握其内在的本质规律，“要坚持发展地而不是静止地、全面地而不是片面地、系统地而不是零散地、普遍联系地而不是单一孤立地观察事物，妥善处理各种重大关系。任何主观主义、形式主义、机械主义、教条主义、经验主义的观点都是形而上学的思想方法，在实际工作中不可能有好的效果”[②]。正确运用辩证唯物主义世界观和方法论，就能有效克服表面、片面和静止的形而上学思想方法，在调查了解实际情况的基础上，准确把握客观实际的本质和规律，“从其中引出其固有的而不是臆造的规律性，即找出周围事变的内部联系，作为我们行动的向导”[③]。

辩证唯物主义的世界观和方法论要求想问题办事情要从实际出发，做到主观与客观历史的具体的统一；强调人民群众是历史的创造者，是创造历史的动力。从世界观的角度看，党员领导干部要通过调查研究向人民群众学习，拜人民群众为师。在调查研究过程中，党员领导干部要甘当人民群众的小

① 习近平：《辩证唯物主义是中国共产党人的世界观和方法论》，《求是》2019年第1期。
② 习近平：《辩证唯物主义是中国共产党人的世界观和方法论》，《求是》2019年第1期。
③ 《毛泽东选集》第3卷，人民出版社1991年版，第801页。

理论链接

辩证唯物主义是中国共产党人的世界观和方法论。毛泽东同志曾经说过，马克思主义有几门学问，但基础的东西是马克思主义哲学。他在革命战争年代写下的《反对本本主义》、《实践论》、《矛盾论》等著作，在社会主义建设时期写下的《论十大关系》、《关于正确处理人民内部矛盾的问题》等著作，灵活运用了辩证唯物主义世界观和方法论，形成了具有鲜明中国特色的马克思主义哲学思想，为我们党掌握和运用辩证唯物主义树立了光辉典范。

…………

我们党一贯重视理论工作，强调理论必须同实践相统一。理论一旦脱离了实践，就会成为僵化的教条，失去活力和生命力。实践如果没有正确理论的指导，也容易“盲人骑瞎马，夜半临深池”。理论对规律的揭示越深刻，对社会发展和变革的引领作用就越显著。我们坚持和发展中国特色社会主义，必须高度重视理论的作用，增强理论自信和战略定力，对经过反复实践和比较得出的正确理论，不能心猿意马、犹豫不决，要坚定不移坚持。

——习近平：《辩证唯物主义是中国共产党人的世界观和方法论》

学生，向人民群众虚心请教。从认识论的角度看，离开了调查研究，就不可能了解人民群众的社会实践，不能在此基础上把握客观事实及其内在规律，就无法走好实事求是的思想路线，也无法走好“从群众中来、到群众中去”的群众路线这个根本工作路线。由此可知，中国共产党的调查研究必须运用辩证唯物主义世界观和方法论作指导，而在辩证唯物主义世界观和方法论指导下的调查研究，则已经超越了调查研究作为一般工作方法的范畴，是一个融世界观、认识论和方法论为一体的独特方法。

大多数一般类型的调查研究只是作为一种具体的方法，而中国共产党在马克思主义理论指导下的调查研究，则具有三个层次的丰富内涵：一是作为具体方法层次的调查研究；二是具有把主观和客观、理论和实践统一起来的特征，作为原则性或一般性方法层次的调查研究；三是上升为世界观、方法论层次的调查研究。[①] 如果只是从一般工作方法角度认识和看待调查研究，显然无法充分把握调查研究的丰富内涵和多重价值。

（二）调查研究在马克思主义基本原理与中国具体实际相结合的过程中发挥基础性关键作用

中国共产党的百年发展史就是把马克思主义基本原理与中国具体实际相结合以及同中华优秀传统文化相结合的历史，是不断推进马克思主义中国化和时代化的历史。

马克思主义不与中国具体实际相结合，就会变成脱离实际情况的本本主义。毛泽东正是依靠扎实深入的调查研究，找到了马克思主义与中国革命实际相结合的道路，在党内率先翻越了把马克思主义当作一成不变的教条的错误思想障碍。1930年5月，毛泽东根据自己多年的调查研究实践和心得，写下了《调查工作》即《反对本本主义》这一经典名篇，

① 李景源等：《毛泽东方法论导论》，中国社会科学出版社2019年版，第29页。

明确提出马克思主义的“本本”必须同我国的实际情况相结合，中国革命斗争的胜利要靠中国同志了解中国情况。“马克思主义的‘本本’是要学习的，但是必须同我国的实际情况相结合。我们需要‘本本’，但是一定要纠正脱离实际情况的本本主义。”[①]毛泽东在革命实践中找到了克服本本主义的具体办法，“怎样纠正这种本本主义？只有向实际情况作调查”[②]。毛泽东的这个精辟论断，阐明了调查研究在克服本本主义方面所发挥的无可替代的重要作用。

中国共产党在中国革命、建设和改革发展的过程中，既要始终坚持马克思主义的指导地位，又必须找到与中国具体实际相结合的具体途径。这是中国共产党发展过程中面临的一个主要挑战，也是教条主义者始终不能逾越的挑战。正是通过扎实深入的调查研究，中国共产党既找到了克服本本主义的锐利武器，也通过马克思主义对调查研究的理论指导，实现了马克思主义基本原理与中国具体实际的有机结合，推动了马克思主义中国化时代化的不断发展。

马克思主义基本原理之所以能和中国具体实际有机结合并实现马克思主义中国化时代化的新发展，一个基本经验就是发挥马克思主义理论指导下调查研究的推动作用。离开对中国社会实际和发展实践的深入调查研究，将无法准确理解马克思主义理论和克服教条主义。马克思主义基本原理与中国实际国情相结合的途径和方法是实事求是，而实事求是的根本实现途径是调查研究，调查研究是实事求是的中心环节。要做到实事求是，必须进行系统的、周密的调查研究。由此可知，调查研究在马克思主义基本原理与中国具体实际相结合的过程中起到了基础性的关键作用，离开了调查研究，将无法实现两者的有机结合，也无法实现马

---

① 《毛泽东选集》第1卷，人民出版社1991年版，第111—112页。
② 《毛泽东选集》第1卷，人民出版社1991年版，第112页。

克思主义中国化时代化的不断发展。

调查研究既是中国共产党把握具体实际的基本方法，也是找到马克思主义理论与中国具体实际结合点的最佳方法。离开了调查研究，不但不能了解实际情况，也无法做到理论与实际相结合。对此，毛泽东强调，所有实际工作者和理论工作者都必须开展调查，“一切实际工作者必须向下作调查。对于只懂得理论不懂得实际情况的人，这种调查工作尤有必要，否则他们就不能将理论和实际相联系”①。这句话尤其强调只懂得理论的人必须向下做调查，不向下做调查将无法实现理论和实际的真正结合。同样，开展调查工作的人如果没有掌握马克思主义理论，不能以马克思主义的立场、观点和方法指导调查研究工作，就会将党的调查研究混同于一般性的调查研究，也将无从实现马克思主义基本原理与中国实际的有机结合。“马克思主义为人类社会发展进步指明了方向，是我们认识世界、把握规律、追求真理、改造世界的强大思想武器。同时，马克思主义理论不是教条，而是行动指南，必须随着实践的变化而发展。马克思主义能不能在实践中发挥作用，关键在于能否把马克思主义基本原理同中国实际和时代特征结合起来。”②既要始终坚持马克思主义的指导地位，也要时时注意调查研究，只有这样才能不断推进马克思主义中国化时代化的发展。

三、调查研究是党做好一切工作的基础

调查研究是中国共产党实现正确领导的基础，也是做好一切工作的基础，这是党在革命、建设和改革发展进程中历史经验的总结和治国理

① 《毛泽东选集》第3卷，人民出版社1991年版，第791页。
② 《习近平谈治国理政》第4卷，外文出版社2022年版，第29—30页。

政智慧的结晶。

在中国共产党早期革命实践中，一些革命者不留心了解社会实际情况，离开实际调查去估量政治形势和指导实际工作，没有根据具体情况来决定政策，给党的革命事业带来了巨大危害。“过去红色区域弄出了许多错误，都是党的指导与实际情况不符合的原故。所以详细的科学的实际调查，乃非常之必需。”[①] 正是因为充分汲取了党的历史上重视调查研究才能作出正确指导的经验、不重视调查研究往往导致各种失误的教训，毛泽东反复告诫全党要重视调查研究，不能脱离实际情况主观地决定工作方针，为此他指出：“按照实际情况决定工作方针，这是一切共产党员所必须牢牢记住的最基本的工作方法。”[②]

应当说，中国共产党在除早期之外的整个革命时期，都比较好地坚持了重视调查研究的优良传统。但在进入社会主义建设时期之后，由于没有很好地坚持调查研究，在20世纪50年代末和60年代初，出现了“大跃进”等严重失误，导致整个国家经济处于极为困难的时刻。为应对严重困难局面，1960年12月至1961年1月召开了重要的中央工作会议。在这次中央工作会议的最后一天，毛泽东发表了以《大兴调查研究之风》为题的重要讲话。毛泽东在会上公开自我批评和反思新中国成立以后存在调查研究不够的问题：“我们党是有实事求是传统的，就是把马列主义的普遍真理同中国的实际相结合。但是建国以来，特别是最近几年，我们对实际情况不大摸底了，大概是官做大了。我这个人就是官做大了，我从前在江西那样的调查研究，现在就做得很少了。”他严肃指出不做调查研究工作的危害，“要是不做调查研究工作，只凭想象和估计办事，我们的工作就没有基础”，接着号召同志们回去撇开小事，去搞深入彻底

---

① 《毛泽东农村调查文集》，人民出版社1982年版，第182—183页。

② 《毛泽东选集》第4卷，人民出版社1991年版，第1308页。

的调查研究，“请同志们回去后大兴调查研究之风，一切从实际出发，没有把握就不要下决心”①。在这次中央工作会议上，毛泽东提出在全党大兴调查研究之风。他说：“希望今年这一年，一九六一年，成为一个调查年，大兴调查研究之风。调查，要在实际中去调查，在实践中才能认识客观事物。”②毛泽东号召在全党大兴调查研究之风，并亲自组织推动调查研究，使全党重新认识了调查研究的极端重要性。全党范围内开展了大规模的、深入细致的调查研究。随着调查研究的深入和认识的逐步深化，“对于公社化以来由毛泽东和由中共中央决定的一些不符合实际的、不利于生产发展的决定，在一个一个地推翻。正如中共中央关于调查工作的那封信中所说：‘不要怕实际检验推翻了已经作的判断和决定。’”③认识的变化和错误的纠正，来源于深入、系统的调查研究。通过调查研究，我们党相继制定出台了一系列条例和相关政策，被“大跃进”和“反右倾”运动打乱了的工作秩序逐步恢复，我国国民经济重新走上正常轨道。

延伸阅读

中共中央关于认真进行调查工作问题给各中央局，各省、市、区党委的一封信

（一九六一年三月二十三日）

最近发现的毛泽东同志一九三〇年春所写的《关于调查工作》一文，是一个极其重要的文件，有十分重大的理论意义和实际意义。现在中央决定将这篇文章发给全党上级及中级干部学习。县以上各级领导机关，

---

① 《毛泽东文集》第8卷，人民出版社1999年版，第233、234、237页。
② 中共中央文献研究室编《毛泽东传》（五），中央文献出版社2011年版，第2081—2082页。
③ 中共中央文献研究室编《毛泽东传》（五），中央文献出版社2011年版，第2118页。

都应该联系最近几年工作中的经验教训，进行深入的讨论。

中央认为，最近几年的建设成就是伟大的，证明总路线、大跃进、人民公社的方向是正确的。但是在农业、工业等方面的具体工作中，也发生了一些缺点错误，造成了一些损失。这些缺点错误之所以发生，根本上是由于许多领导人员放松了在抗日战争期间和解放战争期间进行得很有成效的调查研究工作，满足于看纸上的报告，听口头的汇报，下去的时候也是走马看花，不求甚解，并且在一段时间内，根据一些不符合实际的或者片面性的材料作出一些判断和决定。在这段时间内，夸夸其谈，以感想代政策的恶劣作风，又有了抬头。这是一个主要的教训，全党各级领导同志，决不可忽略和忘记这个付出了代价的教训。

中央要求从现在起，县级以上党委的领导人员，首先是第一书记，认真学习毛泽东同志的思想方法和工作方法，把深入基层（包括农村和城市），蹲下来，亲身进行有系统的典型调查，每年一定要有几次，当作领导工作的首要任务，并且定出制度，造成风气。调查工作所以是领导工作的首要任务，是因为一切工作都必须从实际出发，调查工作作好了，其他工作才能作好，调查工作作不好，其他工作也不可能作好。第一书记亲身进行调查工作所以特别重要，是因为第一书记担负责任最重，他们的思想方法工作方法是否正确，是否从实际出发，最足以影响全局，他们重视了调查研究，别的同志就会跟上来。总之，一切从实际出发，不调查没有发言权，必须成为全党干部的思想和行动的首要准则。调查是为了解决问题，不是为了调查而调查；调查应该采取客观态度，不应该抱定一种成见下去专替自己找证据；应该发现事物的真相，不要为各种假象所蒙蔽；应该对调查材料作全面的综合和分析，不要满足于孤立的、片面的、看不到事物发展规律的观察。在调查的时候，不要怕听言之有物的不同意见，更不要怕实际检验推翻了已经作出的判断和决定。

中央相信，只要在全党坚持这种调查研究、实事求是的作风，我们目前所遇到的问题就一定能够比较顺利地得到解决，我们的各方面工作就一定能够得到迅速的进步。

(发至地方县级，军队团级，城市发至区级及大工厂党委、大学党委，大报党委)

基于调查研究在革命、建设和改革开放不同时期所发挥作用的经验总结和偏离后所导致问题的深刻反思，习近平指出，“什么时候全党从上到下重视并坚持和加强调查研究，党的工作决策和指导方针符合客观实际，党的事业就顺利发展；而忽视调查研究或者调查研究不够，往往导致主观认识脱离客观实际、领导意志脱离群众愿望，从而造成决策失误，使党的事业蒙受损失”[①]。

调查研究是关系党的事业兴衰成败的大问题，是党做好一切工作的基础，是党在各个历史时期做好领导工作的重要传家宝，这是党的百年奋斗历程已经充分证明了的。

---

① 习近平：《谈谈调查研究》，《学习时报》2011年11月21日。

第三章 调查研究是党员领导干部的基本功

党员领导干部开展的一切工作都要建立在主观认识符合客观实际、主观判断遵从客观规律的基础上，这个基础只有通过调查研究这个认识世界的根本途径和重要方法加以实现。正因如此，调查研究是党员领导干部做好一切工作的基础，是党员领导干部必须具备的基本能力。

调查研究能力作为一种重要的基础性能力，既是党员领导干部整体素质和综合能力的重要组成部分，也直接影响甚至决定着党员领导干部的其他多种能力。加强调查研究有助于提高党员领导干部的政治能力、科学决策能力、改革攻坚能力、应急处突能力、群众工作能力和抓落实能力，而且调查研究过程本身就是党员领导干部自我学习提高的重要途径。

一、调查研究是党员领导干部做好工作的基础和必须具备的基本能力

（一）调查研究是党员领导干部做好工作的基础

调查研究是认识世界的根本途径和重要方法，要想切实有效地改造世界，首先就要做到正确地认识世界。

党员领导干部开展的一切工作归根到底都是改造世界的工作，要取得工作的成效就要先使自己的主观认识符合客观实际、主观判断遵从客观规律，把改造世界建立在正确认识世界的基础之上。“人们要想得到工作的胜利即得到预想的结果，一定要使自己的思想合于客观外界的规律性，如果不合，就会在实践中失败。”①认识世界、寻求客观规律的过程，就是通过调查研究在了解事实的基础上进一步求是的过程。

不只是改造世界之前需要先正确认识世界，即使是在改造世界的过程中，也需要通过调查研究了解改造世界的效果和是否需要进一步修正完善相关的举措。在改造世界的过程中，依然需要持续地实现对改造情况的正确认识。这就意味着党员领导干部工作的全过程都离不开调查研究，在改造世界之前要通过调查研究了解情况、掌握问题、寻求思路，努力作出如何改造世界的科学决策；在改造世界的过程中，还必须通过调查研究了解改造世界的具体效果，通过跟踪反馈和政策评估，及时调整和修改政策，争取实现更好的改造效果。由此可见，从了解情况、作出决策到推动落实，党员领导干部整个工作的全过程都离不开调查研究。可以说，调查研究是党员领导干部开展一切工作的基础。

调查研究作为开展一切工作的基础，即便是面对新任务新挑战，党员领导干部只要能够通过调查研究深入把握工作规律，就能勇于承担并做好所有工作。毛泽东深刻地指出，一些同志之所以不能勇敢地接受任务，对完成任务没有把握，背后的原因就在于对工作没有达到规律性的认识。“为什么没有把握呢？因为他对于这项工作的内容和环境没有规律性的了解，或者他从来就没有接触过这类工作，或者接触得不多，因而无从谈到这类工作的规律性。及至把工作的情况和环境给以详细分析之

---

① 《毛泽东选集》第1卷，人民出版社1991年版，第284页。

后，他就觉得比较地有了把握，愿意去做这项工作。”[①]党员领导干部通过调查研究认识到了事情的本质，对工作内容有了规律性的了解，熟悉了工作环境，自然就能够做好工作。由此可见，调查研究既是开展一切现有工作的基础，也是进一步做好新工作的基础。

（二）调查研究是党员领导干部必须具备的基本能力

习近平在2020年秋季学期中央党校（国家行政学院）中青年干部培训班开班式上要求，干部特别是年轻干部要提高政治能力、调查研究能力、科学决策能力、改革攻坚能力、应急处突能力、群众工作能力和抓落实能力。在这七种能力中，调查研究能力之所以紧随政治能力之后，位列其他五种能力之前，是因为调查研究能力是一种重要的基础性能力，是党员领导干部整体素质和综合能力的重要组成部分，是党员领导干部必须具备的基本功和看家本领。党员领导干部从事的所有工作都离不开调查研究，调查研究能力直接影响甚至决定着党员领导干部的其他多种能力。众所周知，没有调查研究就没有决策权，本部分先重点分析调查研究与其他各种能力的关系，下一章再系统论述调查研究与科学决策的关系。

二、加强调查研究可以提高党员领导干部的多种能力

（一）加强调查研究可以提高政治能力

政治能力涉及党的性质和宗旨以及党员领导干部表现的政治立场、政治态度、政治觉悟等，主要包括政治判断力、政治领悟力、政治执行

① 《毛泽东选集》第1卷，人民出版社1991年版，第289页。

力。政治能力是党员领导干部必须具备的根本性能力，决定着其能否在思想上政治上行动上同以习近平同志为核心的党中央保持高度一致，并坚决执行党中央的决策部署。

党的十八大以来，习近平高度重视党员领导干部的政治能力建设，要求全党同志尤其是党的高级干部不断提高政治能力，“全党同志特别是高级干部要加强党性锻炼，不断提高政治觉悟和政治能力，把对党忠诚、为党分忧、为党尽职、为民造福作为根本政治担当，永葆共产党人政治本色”①。习近平反复强调提高政治能力很重要的一条就是要善于从政治上分析问题、解决问题，指出，“不从政治上认识问题、解决问题，就会陷入头疼医头、脚疼医脚的被动局面，就无法从根本上解决问题”②，“只有从政治上分析问题才能看清本质，只有从政治上解决问题才能抓住根本”③。

党的性质和宗旨决定了党员领导干部的政治能力建设要紧扣民心这个最大的政治，要站稳人民立场，始终保持党同人民群众的血肉联系。党员领导干部要把握民心、了解民意、汇聚民智，必须广泛开展调查研究，在全心全意为人民服务中坚定政治立场，在虚心接受人民监督中强化政治态度，在真心实意向人民学习中提高政治觉悟。

党员领导干部要增强政治判断力，就要善于运用马克思主义的立场、观点和方法分析问题，把马克思主义基本原理与中国具体实际和时代特征相结合，这就要求党员领导干部既要掌握马克思主义基本原理，又要运用马克思主义的立场、观点和方法指导实践推动工作，实现理论和实践的结合。

---

① 《习近平谈治国理政》第3卷，外文出版社2020年版，第49页。
② 《习近平谈治国理政》第3卷，外文出版社2020年版，第92页。
③ 《习近平谈治国理政》第3卷，外文出版社2020年版，第98页。

判断力首先来自对实际情况的准确了解，只有切实了解真实情况，掌握问题的本质和规律，才能作出正确的判断。“增强科学把握形势变化、精准识别现象本质、清醒明辨行为是非、有效抵御风险挑战的能力。”[①]通过深入系统的调查研究，才能科学判断形势、准确识别问题。党员领导干部勤于调查研究和善于调查研究，重视通过调查研究了解情况、把握问题、谋划工作，自然有助于作出符合实际情况的准确判断，不断提高政治判断力。

党员领导干部要增强政治领悟力，必须对党的最新理论和中央精神深入学习、融会贯通，“坚持用党中央精神分析形势、推动工作，始终同党中央保持高度一致”[②]。习近平新时代中国特色社会主义思想是马克思主义中国化时代化的最新理论成果，本身就是通过大量调查研究并凝聚全党智慧产生出来的。要深刻领悟并准确把握习近平新时代中国特色社会主义思想的精髓与核心要义，需要通过调查研究把党的这一最新理论与工作实践紧密结合起来，在结合中加深对党的最新理论成果的深刻领悟和准确理解。

党员领导干部增强政治执行力，就是要结合本地区本部门工作实际不折不扣抓好党中央精神和重大决策部署的贯彻落实。党的路线方针政策和重大决策部署是基于全国普遍性情况制定的，各地区各部门实际情况千差万别、情况各异。党员领导干部只有通过深入实际的调查研究，进而把党的路线方针政策和重大决策部署与本地区本部门的情况有机结合起来，才能做到创造性的贯彻落实。此外，要有效发挥习近平新时代中国特色社会主义思想武装头脑、指导实践、推动工作的作用，必须在学懂弄通的基础上，通过调查研究实现指导思想与本地区本部门实际情

① 《习近平谈治国理政》第4卷，外文出版社2022年版，第44页。
② 《习近平谈治国理政》第4卷，外文出版社2022年版，第44页。

况的有机结合。由此可见，通过调查研究，把指导思想和实践有机结合的过程就是政策有效落实的过程，也是增强政治执行力的过程。

（二）加强调查研究有助于提高改革攻坚能力

改革是一场深刻革命，在推进改革过程中要注重改革的系统性、整体性和协同性。在推动改革过程中要破解发展面临的各种难题，有效化解来自各方面的风险和挑战。党的十八大以来，在全面深化改革过程中，提高改革决策科学性的一条重要经验就是深入群众调查研究。习近平指出，党员领导干部在改革过程中遇到难以破解的问题要从群众角度思考，“在全面深化改革进程中，遇到关系复杂、难以权衡的利益问题，要认真想一想群众实际情况究竟怎样？群众到底在期待什么？群众利益如何保障？群众对我们的改革是否满意？”要通过深入群众调查研究总结经验，“广泛听取群众意见和建议，及时总结群众创造的新鲜经验，充分调动群众推进改革的积极性、主动性、创造性，把最广大人民智慧和力量凝聚到改革上来，同人民一道把改革推向前进”[①]。群众经验总结出来，积极性调动、发挥起来，自然而然就能进一步推动改革不断深化。

调查研究本身就是要立足于解决问题，尤其是解决急难险重的突出问题。党的调查研究的优良传统和宝贵经验要求党员领导干部对于需要破解的重大问题，在深入调查研究的基础上作出回答，通过调查研究，在结合实际的基础上找到准确、科学的答案。“要到困难较多、情况复杂、矛盾尖锐的地方去研究问题。基层、群众、重要典型和困难的地方，应成为调研重点，要花更多时间去了解和研究。”[②]越是困难的问题，越要成为党员领导干部调查研究的对象和重点。

---

① 《习近平谈治国理政》，外文出版社2014年版，第98页。

② 习近平：《谈谈调查研究》，《学习时报》2011年11月21日。

问题是时代的声音。党的十八大以来取得历史性成就、发生历史性变革的重要原因，就是以习近平同志为核心的党中央始终聚焦于实践遇到的新问题、改革发展稳定存在的深层次问题、国际变局中的重大问题、党的建设面临的突出问题等一系列重大问题进行全面深入的调查研究，在扎实调查研究的基础上找到了破解难题、攻克难关的有效办法。在推动全面深化改革过程中，习近平不仅亲自深入改革一线进行调查研究，还告诫党员领导干部要重视调查研究，没有调查，就没有发言权，更没有决策权。研究、思考、确定全面深化改革的思路和重大举措，刻舟求剑不行，闭门造车不行，异想天开更不行，必须进行全面深入的调查研究。①

党的十九届五中全会作出构建新发展格局的全面部署，党的二十大报告再次强调“加快构建新发展格局，着力推动高质量发展”。构建新发展格局成为新发展阶段把握未来发展主动权的战略性布局和先手棋，而这个重大判断就来自于习近平深入改革一线的调查研究。习近平说：“我在浙江考察时发现，在疫情冲击下全球产业链供应链发生局部断裂，直接影响到我国国内经济循环。当地不少企业需要的国外原材料进不来、海外人员来不了、货物出不去，不得不停工停产。我感觉到，现在的形势已经很不一样了，大进大出的环境条件已经变化，必须根据新的形势提出引领发展的新思路。”②通过一次次的深入调研准确判断形势、作出科学决策、破解各种难题，习近平是这样要求党员领导干部的，更是这样身体力行的。

（三）加强调查研究可以更好提高应急处突能力

应急处突既考验党员领导干部的现场应变能力，是否能迅速了解

---

① 《加强对改革重大问题调查研究　提高全面深化改革决策科学性》，《人民日报》2013年7月25日。
② 《习近平谈治国理政》第4卷，外文出版社2022年版，第174页。

情况并采取有效应对措施，也直接考验党员领导干部日常工作中的工作作风。

党员领导干部在日常工作中重视深入实际、深入群众进行调查研究，可以提前化解各类矛盾和问题，尽可能减少应急处突事项。党员领导干部如果在日常调查研究中时时关心群众利益，高度重视影响社会不安定因素的相关信息，随时收集网络舆情反映的问题，认真回应民众关切，在调查研究过程中及时将矛盾纠纷化解在基层、化解在萌芽状态，就能有效避免小问题拖成大问题、一般性问题演变成性质严重的突出问题。

党员领导干部在日常工作中勤于调查研究，有助于对应急处突问题加强风险研判，进行源头治理和提前预防。党员领导干部随时深入群众之中和工作现场，及时了解情况发现问题，将问题处理在萌芽状态，将会大大减少应急处突事件发生的频率和次数。要做到对应急处突问题的提前预防和源头治理，党员领导干部就必须在日常工作中养成勤于调查研究的习惯，注意克服工作中脱离群众的官僚主义和形式主义。

党员领导干部如果日常勤于深入群众进行调查研究，即使发生了需要应急处突的难题，由于对各类情况比较了解，对涉及群众利益的事情比较熟悉，在应急处突过程中自然能作出科学判断和采取更有效的应对措施。党员领导干部如果在日常工作中不重视调查研究，或者在调查研究中放不下架子、扑不下身子，讲话“假、大、空”，不是真心实意关心群众，不能掌握真实准确的实际情况，在应急处突中不但不能有效化解矛盾，反而容易引起群众的反感和不满。

党员领导干部不但要在日常工作中重视调查研究，重视应急处突问题的源头治理，更要在发生需要应急处突的问题和事件时第一时间深入现场准确了解情况和当时的环境，在调查研究基础上对事件性质迅速作出判断，采取有效措施争取尽快化解矛盾。党员领导干部在处理突发事件时要认真听取突发事件的亲历者反映问题，用群众听得进的贴心话进行沟通交流，关心相关群体的切身利益，以使拿出的化解矛盾方案就更容易被群众认同和接受。

（四）加强调查研究可以更好提高群众工作能力

做群众工作首先必须了解群众，而了解群众最有效的方法是深入群众之中调查研究。习近平深刻指出了调查研究与群众工作的关系，“坚持党的群众路线，从群众中来、到群众中去，深入基层调查研究，亲近群众，联系群众，服务群众，做好新形势下的群众工作”[①]，才能号召带领群众一道奋斗。可以说，提高群众工作能力首先应该具备调查研究能力，调查研究是做好群众工作的基础。调查研究之所以是党员领导干部做好群众工作的基础，是因为深入群众的调查研究，能够帮助党员领导干部及时准确了解群众所思、所盼、所忧、所急，有助于把群众工作做实、做深、做细、做透。[②]不了解群众所思、所念、所愿、所盼，不深入群众之中了解群众生产生活情况，是不可能做好群众工作的。

党员领导干部深入群众调查研究既是联系群众为民办事的过程，也是站稳人民立场建立与人民群众血肉联系的过程。党员领导干部通过深入群众、深入基层的调查研究，能进一步强化一切为了群众和一切依靠群众的群众观点，能加深与人民群众之间的真挚感情。调查研究的过程同时就是践行群众路线的过程，深入群众调查研究有助于更准确地掌握和了解群众的实际情况和真正需求，集中群众的智慧、了解真实的民情、汇聚一线的民意，真正做到为了群众、依靠群众。有了深入群众的调查研究，自然而然就能把群众工作做扎实、做深入，做到群众的心坎里。

---

① 习近平：《认真学习党章 严格遵守党章》，《人民日报》2012年11月20日。
② 习近平：《全面贯彻落实党的十八大精神要突出抓好六个方面工作》，《求是》2013年第1期。

党员领导干部要想做好群众工作，有效地完成好各种工作任务，前提是切实关心群众生活，真心实意地为群众谋利益。毛泽东早在中央苏区时期就通过调查研究总结了我们党做好群众工作的主要方法和基本经验。这个基本经验就是："就得和群众在一起，就得去发动群众的积极性，就得关心群众的痛痒，就得真心实意地为群众谋利益，解决群众的生产和生活的问题，盐的问题，米的问题，房子的问题，衣的问题，生小孩子的问题，解决群众的一切问题。"[①]党员领导干部能够做到关心群众生活、注意工作方法，就会得到群众真心实意的爱戴，动员号召就能够得到广大群众的真心拥护。

不但做群众工作离不开调查研究，就连我们党关于做群众工作要关心群众生活、注意工作方法的经验总结，也是毛泽东通过扎实深入的调查研究总结出来的。1933年11月，毛泽东率领中央政府检查团先后到江西兴国县长冈乡和福建上杭县才溪乡进行实地调查，撰写了《长冈乡调查》和《才溪乡调查》两篇著名的调查报告。通过总结长冈乡和才溪乡的典型经验，号召全苏区的乡向他们学习来推动全局工作。

毛泽东在长冈乡、才溪乡调查中不仅召集乡和村的各类干部开调查会，检查工作任务的实际执行情况，还同农民群众一起劳动，了解乡苏工作和农民生活情况。通过深入群众的广泛调查，毛泽东发现一些地方任务和计划之所以执行得不好，主要是党员领导干部不能与群众打成一片，没有与群众建立密切的关系；长冈乡、才溪乡之所以能成为"乡苏工作的模范"，主要是因为这两个乡的干部关心群众生活、注意工作方法，能够与群众建立密切的关系。根据对长冈乡和才溪乡的调查经验，毛泽东指出，领导干部提出任务和发布计划之后，必须深入调查研究，收集群众执行任务的成功经验。怎样动员群众去实际执行这些任务和计

① 《毛泽东选集》第1卷，人民出版社1991年版，第138—139页。

划的关键问题，“不是脑子里头想得出来的，这依靠于从动员群众执行各种任务的过程中去收集各种新鲜的具体的经验，去发扬这些经验，去扩大我们动员群众的领域，使之适合于更高的任务与计划”。[①] 也就是说，要解决实际执行任务和计划的关键问题，必须深入群众去调查研究总结经验。

通过深入群众之中进行调查研究，关心群众生活并解决群众的切身利益，注意反对官僚主义工作方法并与群众建立密切的关系，总结鲜活的群众工作经验并作为学习借鉴的“活的榜样”，已经成为中国共产党百年历程中做好群众工作的宝贵传统和优良作风。新时代党员领导干部坐在办公室里历练不出做群众工作的真本事，应该深入群众之中开展扎扎实实的调查研究，继承发扬党的光荣传统和优良作风。

延伸阅读

习近平深入群众之中细致入微的调查研究作风

据习近平在地方任职时期身边的工作人员回忆，习近平特别重视调查研究，而且调研工作特别细致深入。调研前，他会详细地询问当地情况，一些基础数据都要掌握到个位数。“他到下姜村调研，了解当地农民办沼气的情况，就详细询问村民养了多少猪，每天往沼气池里丢多少废料，够不够维持沼气等等。在村民屋里，习书记试着点燃沼气灯，看好不好用；他不顾气味难闻，亲自打开沼气池的盖子，捞出沼气池里的废料进行观察，并向大家介绍了他当年在梁家河时带领村民办沼气的经验。”

“习书记的调研不仅深入细致，还很贴近群众。他当过知青，自

① 《毛泽东农村调查文集》，人民出版社1982年版，第286页。

己也经历了许多磨难，与基层群众特别亲密，很容易与大家打成一片。”“习书记在调研过程中这种细致入微的作风，这种贴近群众的感情，这种不辞辛苦的精神，使他对中国实际情况有远远不同于一般人的了解和掌握，这也是他后来提出许多治国理政新理念新思想新战略的底气所在。”“习书记对农村工作非常熟悉。他在与村干部交流工作的时候，对于农村工作要做什么、要解决什么问题、怎样解决，问得很专业，了解得很深入，讲得既实在又明了。”

（**资料来源** 中央党校采访实录编辑室：《习近平在浙江》下册。）

（五）加强调查研究可以更好提高抓落实能力

抓落实就是把任务计划和工作部署转化为工作上的实际行动。抓落实的实际行动既需要党员领导干部把中央精神以及中央和上级的各类任务计划和工作部署具体化、在地化，也需要在贯彻落实过程中随时深入实际了解各项任务执行的具体实情，更需要在推动落实过程中发扬真抓实干、求真务实的光荣传统和优良作风。毫无疑问，抓落实的全过程需要党员领导干部深入群众开展调查研究。

党员领导干部抓好落实首先要把任务计划和工作部署与本地区本部门具体实际结合起来。这个结合的过程就是要在调查研究基础上对各项任务计划和工作部署进行细化，以调查研究所掌握的本地实际情况为依据，有针对性地拿出落实的具体方案。习近平在二十届中央政治局第一次集体学习时提出，要以贯彻党中央决策部署为前提谋划推动各项工作落实。“各地区各部门要结合自身实际，把党中央提出的战略部署转化为本地区本部门的工作任务。要牢固树立全国一盘棋思想，谋划和推动本地区本部门工作要以贯彻党中央决策部署为前提，创造性开展工作，做到既为一域增光、又为全局添彩。”[1]要研究制定出既符合中央精神又符合本地区本部门具体特点和实际情况的细化落实方案，拿出切实可行的具体落实举措，必须进行深入的调查研究。通过调查研究把要结合的具体实际情况摸清摸透摸准，拿出因地制宜能够操作的解决方案和落实办法，才能避免简单化、机械化、形式化地抓落实。

党员领导干部不仅要通过调查研究制定具体细化的工作方案，在工作方案实施过程中也必须勤于调查研究，及时了解部署的工作任务是否明确、时间进度是否明晰、具体责任是否落实到人、工作落实是否顺利。党员领导干部在落实过程中如果不深入实际调查研究，只是坐在办公室里听听下级的汇报，看看报送的材料，就很难了解工作落实的具体进度和真正效果。对于下级部门在落实工作过程中是推诿扯皮、消极应付，还是真抓实干、高效推进，党员领导干部必须采用调查研究的办法才能了解。

党的十八大以来，习近平带领全国人民打响一场人类历史上规模最大、力度最强的反贫困之战。习近平要求党员领导干部深入调研抓好扶贫工作落实，党政一把手要当好扶贫开发工作第一责任人，深入贫困乡村调查研究，亲自部署和协调任务落实。习近平是这样要求党员领导干部的，他自己也是这样做的。他不仅亲自谋划、亲自部署这场反贫困之战，还考察调研扶贫工作50多次，走遍14个集中连片特困地区，深入实地了解扶贫工作的实际落实情况。习近平倾注精力最多的是扶贫工作，考察调研最多的是贫困地区。通过实地调研考察精准扶贫落实情况，是习近平抓扶贫工作落实的一个重要方法，也是所有党员领导干部都应该学习运用的方法。

通过调查研究抓好工作落实已经成为中国共产党推动工作的重要方

① 习近平：《在二十届中央政治局第一次集体学习时的讲话》，《求是》2023年第2期。

法，也是党在百年奋斗历程中形成的光荣传统和优良作风。党的二十大报告号召党员领导干部带头深入调查研究，“弘扬党的光荣传统和优良作风，促进党员干部特别是领导干部带头深入调查研究，扑下身子干实事、谋实招、求实效”[①]。官僚主义、形式主义是党员领导干部脱离群众的表现，克服脱离群众的错误思想和作风，要靠深入群众的调查研究。毛泽东在延安曾经深刻地指出：“在全党推行调查研究的计划，是转变党的作风的基础一环。”[②]通过调查研究弘扬党的光荣传统和优良作风已经成为党在各个历史时期的宝贵经验。

党和国家各项事业要取得实实在在的发展和成效，需要党员领导干部带头身体力行、真抓实干。习近平在中央政治局民主生活会上要求中央政治局的同志在抓工作中要带头大兴调查研究之风。他指出，抓工作，是停留在一般性号召还是身体力行，成效大不一样。讲实话、干实事最能检验和锤炼党性。中央政治局的同志要带头崇尚实干、狠抓落实，深入调研、精准发力，让改革发展稳定各项任务落下去，让惠及百姓的各项工作实起来。抓好落实，必须大兴调查研究之风，对真实情况了然于胸。[③]党员领导干部如能大兴调查研究之风，在抓工作时，决策在会上、方案在纸上、落实在嘴上的工作漂浮和作风不实现象必定会大大减少，势必会极大地提高抓落实的工作成效。

党员领导干部既要通过调查研究推动工作落实，也要通过调查研究继承和发扬求真务实、真抓实干的优良作风，在工作中克服官僚主义、形式主义。党员领导干部深入基层、深入群众开展调查研究，坚持眼睛向下看、身子往下沉，就能及时了解在上面难以听到、不易看到和意想

① 《党的二十大报告辅导读本》，人民出版社2022年版，第61页。
② 《毛泽东选集》第3卷，人民出版社1991年版，第802页。
③ 《对照贯彻落实党的十八届六中全会精神 研究加强党内政治生活和党内监督措施》，《人民日报》2016年12月28日。

不到的各类新情况、各种新问题，就能根据实际情况把各项工作真正落到实处。这就是为什么党的十八大后把改进调查研究作为改进工作作风、密切联系群众的中央八项规定的第一条，党的二十大再次呼吁弘扬党的光荣传统和优良作风，要求党员领导干部要带头深入调查研究。

三、调查研究是党员领导干部自我学习提高的重要途径

党员领导干部深入群众调查研究的过程，既是了解情况的过程、科学决策的过程、推动工作落实的过程、联系群众为民服务的过程，也是提高自身领导水平和工作能力的过程。深入群众调查研究本身对于党员领导干部来说就是一个自我学习提高的重要过程。

调查研究不但能帮助党员领导干部了解情况、摸清问题，还是党员领导干部寻求解决办法、提高个人能力的重要途径。“你对于那个问题不能解决吗？那末，你就去调查那个问题的现状和它的历史吧！你完完全全调查明白了，你对那个问题就有解决的办法了。”①通过调查研究寻找解决问题的办法，是毛泽东在工作实践中总结出来的宝贵经验和切身感受，“我的经验历来如此，凡是忧愁没有办法的时候，就去调查研究，一经调查研究，办法就出来了，问题就解决了”②。

调查研究是党员领导干部提高分析和解决问题能力的重要途径，也是党员领导干部结合实践提高理论水平和工作水平的有效方法。通过调查研究，党员领导干部虚心向群众求教，做群众的学生，从群众中汲取智慧、经验，从群众中学习借鉴解决问题的思路和办法。“各级领导干部要带头调研、经常调研，扑下身子，沉到一线，全面了解情况，深入研

① 《毛泽东选集》第1卷，人民出版社1991年版，第110页。
② 《毛泽东文集》第8卷，人民出版社1999年版，第261页。

究问题，把准事物的本质和规律，找到破解难题的办法和路径。”[①]党员领导干部通过调查研究，对具体情况更加了解，对理论知识掌握得更加深入，在理论和实践的结合中解决问题的能力也就更强了。

党员领导干部是否重视调查研究，能否正确地开展有效的调查研究，既是领导能力和工作水平的体现，也是能否进一步提高自身能力、有没有发展后劲的表现。正如前文所述，通过深入群众、深入基层的调查研究，党员领导干部既能够更好地开展工作、抓好各项工作的落实，还能够不断提高包括政治能力、改革攻坚能力、群众工作能力等重要能力在内的多方面能力。可以说，调查研究在党员领导干部自我学习提高中发挥着重要的基础性作用。

① 《习近平谈治国理政》第3卷，外文出版社2020年版，第500页。

第四章 调查研究与科学决策

党员领导干部的核心任务和日常工作就是科学决策以及贯彻落实各项政策。两个著名论断——没有调查研究就没有发言权、没有调查研究就没有决策权，使大家熟知调查研究对于了解情况和科学决策的极端重要性。了解情况是科学决策的基础和前提，掌握规律是科学决策的本质特征和内在要求，了解情况、掌握规律都是通过调查研究实现的。

不仅科学决策离不开调查研究，科学决策贯彻落实的过程同样离不开调查研究。科学决策的贯彻效果如何以及执行中是否需要调整完善都需要通过调查研究来了解，贯彻落实科学决策的方法要依靠调查研究才能有效实施，而且深入群众调查研究是高效贯彻落实和形成执行合力的关键。党员领导干部要担负起正确认识世界、作出科学决策和运用科学决策有效改造世界的重任，就必须深入实际调查研究。调查研究是党员领导干部提高科学决策能力的重要途径。

延伸阅读

调查研究的过程就是科学决策的过程

调查研究是一个了解情况的过程。人的正确思想不是从天上掉下来的，不是头脑里固有的，而是从实践中来的。“吃别人嚼过的馍没味儿”。你要知道梨子的滋味，你就得变革梨子，亲口吃一吃。无论是制定决策、还是实施决策，都离不开调查研究。只有通过调查研究，才能了解实际情况，总结基层经验，为作出正确决策创造条件，为检查决策的偏差和实施过程中的问题提供第一手材料。同时，在调查研究中还可以考核干部，实地了解干部的思想水平、工作能力和作风状况，发现人才，用好干部。

调查研究是一个推动工作的过程。一项决策作出后，光靠从会议到会议、从文件到文件，是不行的，也是解决不了问题的。领导干部要在作风上作示范，方法上搞帮带，落实上抓督查，必须沉下去加强调查研究。通过营造一定的督查氛围形成推动工作的声势，通过培养和总结先进典型以点带面、推动全盘，通过检查工作和批评问题敦促整改，从而使大家有压力、添动力、增活力。

调查研究是一个联系群众、为民办事的过程。通过深入基层、深入实际、深入群众，我们可以了解群众在想什么、盼什么、最需要我们党委、政府干什么。从而，使我们的各项决策和工作部署，集中民智，体现民意，反映民情，做实一件事，赢得万人心，真正做到情为民所系，利为民所谋，权为民所用。

调查研究也是一个自我学习提高的过程。人民群众是真正的英雄，而我们自己则往往是幼稚可笑的。改革开放以来，浙江经济社会发展取得的巨大成就是浙江人民创造的，历届省委、省政府作出的重大决策，也来自于基层和群众的生动实践。所以，在调查研究中，我们要敏而好学，不耻下问，虚心求教，做群众的学生，做群众的朋友。

学会搞调查研究非常重要。领导干部要身入心入，不要蜻蜓点水，被表面现象所迷惑；要全面分析情况，见一斑而窥全豹，不要盲人摸象；

要轻车简从，不要虚张声势，造成扰民现象。调查研究多了，基层跑遍、跑深、跑透了，我们的本领就会大起来，我们的认识就会产生飞跃，我们的工作就会做得更好。

（**资料来源** 习近平：《干在实处 走在前列——推进浙江新发展的思考与实践》。）

一、通过调查研究了解情况、掌握规律是科学决策的内在要求

（一）了解情况是科学决策的基础和前提

党员领导干部日常工作的重要任务是作决策，而能够作出科学决策的前提就是了解实际情况，从客观实际出发。因为科学决策一定是依据当时当地实际情况所作出的，而不能由党员领导干部单凭主观愿望或个人想象所决定。调查研究是把握客观实际的唯一方法，党员领导干部如能通过调查研究了解当时的环境、形势和条件，并据此提出合理可行的决策目标和与当时任务环境相适应的政策措施，就能作出主观认识符合客观实际的科学决策。这种先通过调查研究充分了解客观实际情况，然后按照客观实际进行决策的方法，就是基本的科学决策方法。了解客观实际情况成为科学决策的基本前提，要了解和掌握客观实际，做到从实际情况出发制定科学政策，就必须进行调查研究。

中国共产党早期革命实践的经验教训使毛泽东深刻认识到通过调查研究了解客观实际情况对于科学决策的极端重要性。在革命初期，有大量不重视调查研究所导致的血的教训，毛泽东指出不进行调查研究的后果，“他一定要弄坏事情，一定要失掉群众，一定不能解决问题”①。毛泽东极端重视对实际事实的周密调查，坚持从当时当地的具体情况出发，在

① 《毛泽东选集》第1卷，人民出版社1991年版，第110页。

决策时充分考虑到客观事物方方面面的复杂因素和变动状况。[①] 毛泽东指出，“实际政策的决定，一定要根据具体情况，坐在房子里面想象的东西，和看到的粗枝大叶的书面报告上写着的东西，决不是具体的情况。倘若根据‘想当然’或不合实际的报告来决定政策，那是危险的。过去红色区域弄出了许多错误，都是党的指导与实际情况不符合的原故。所以详细的科学的实际调查，乃非常之必需”[②]。

正是因为毛泽东把一切从客观实际出发作为制定正确路线、方针和政策的基础和前提，对不重视调查研究的本本主义及其危害进行坚决反对并上升为重要的理论总结，提出不调查研究就没有发言权的重要论断，才使中国共产党在早期革命实践中逐步形成了重视通过调查研究了解客观实际情况的优良传统。如果不通过调查研究了解客观实际情况，对于决策所需要的关键情况和重要信息不了解、不掌握，就很难作出适合当时条件、环境并且能够完成任务和目标的科学决策。因为客观实际情况随着实践的发展而不断变化，所以需要时时进行调查研究。

只有依据当时当地的实际情况才能作出科学决策，只有通过深入实际的调查研究才能了解实际情况。如果不深入实际进行周密系统的调查研究，不了解社会现象和客观事物的时空环境和外部条件，作出的决策不符合实际情况，自然不可能成为科学决策。

（二）掌握规律是科学决策的本质特征和内在要求

了解情况只是科学决策的基础和前提，要作出科学决策，还必须通过调查研究认识客观实际的内在规律。所谓规律就是在事物发展中反复出现的现象，而不是偶然出现的现象。规律是客观存在的，是不以人的

① 中共中央文献研究室编《毛泽东传》(一)，中央文献出版社2011年版，第226页。
② 《毛泽东农村调查文集》，人民出版社1982年版，第182—183页。

意志为转移的。只有透过现象看到本质，认识、掌握和运用客观实际的内在规律，才能作出符合实际的科学决策。

在调查研究中获得规律性的认识并不容易，领导者不但要通过调查了解客观实际的外在情况、获得一般性的感性认识，还要进一步研究找出客观实际背后的本质特征和内在规律，在感性认识基础上进一步上升为理性认识。在调查的基础上经过研究才能把调查得来的分散的不系统的意见，经过去粗取精、去伪存真，由此及彼、由表及里的研究分析过程，实现从感性认识到理性认识的飞跃，获得对客观实际的规律性认识。中国共产党在革命实践中对革命规律的认识并不是一次完成的，而是经历了从实践到认识、又从认识到实践的多次反复过程，是在经历了多次失败的惨痛教训之后才得以实现的。毛泽东在革命成功多年之后还感慨正确认识革命规律的艰难，“如果有人说，有哪一位同志，比如说中央的任何同志，比如说我自己，对于中国革命的规律，在一开始的时候就完全认识了，那是吹牛，你们切记不要信，没有那回事。过去，特别是开始时期，我们只是一股劲儿要革命，至于怎么革法，革些什么，哪些先革，哪些后革，哪些要到下一阶段才革，在一个相当长的时间内，都没有弄清楚，或者说没有完全弄清楚”[①]。经过艰难历程认识到中国革命规律之后，中国共产党才能够作出符合当时国情和实际的科学决策，并引领中国革命逐步走向胜利。

中国共产党在实践中认识规律所面临的最大挑战和危险是与实事求是态度相对立的主观主义的态度。要在了解情况基础上进一步把握客观规律，就必须用调查研究反对主观主义的态度。在主观主义态度下做实际工作的人，“不注意客观情况的研究，往往单凭热情，把感想当政

① 《毛泽东文集》第8卷，人民出版社1999年版，第300页。

策”[1]。这种党内的主观主义态度被毛泽东认为是革命所面对的最大敌人，拿来指导革命则会害了革命。“总之，这种反科学的反马克思列宁主义的主观主义的方法，是共产党的大敌，是工人阶级的大敌，是人民的大敌，是民族的大敌。”[2]要克服这种主观主义的态度，就要通过采取实事求是的态度进行调查研究，找出客观实际的内在规律，这个过程就是在调查基础上进一步经过研究寻求内在规律的过程。“‘实事’就是客观存在着的一切事物，‘是’就是客观事物的内部联系，即规律性，‘求’就是我们去研究。我们要从国内外、省内外、县内外、区内外的实际情况出发，从其中引出其固有的而不是臆造的规律性，即找出周围事变的内部联系，作为我们行动的向导。”[3]通过调查研究找出客观实际的内在规律，才能作出科学决策，科学决策作为行动向导才能指引中国革命取得胜利。

毛泽东是中国共产党在早期革命实践中通过调查研究克服主观主义寻求革命规律的典范，可以说，离开了调查研究，他就不可能实现对中国革命的规律性认识。毛泽东在秋收起义后并没有盲目听从上级的错误指示，而是在深入调查研究严谨细致地了解各方面情况的基础上，放弃攻打长沙、夺取中心城市的计划，果断地将革命队伍从敌人统治力量较强的中心城市转移到敌人统治薄弱的农村山区，创建了中国革命的第一个农村根据地，走出一条符合中国国情、切合当时实际的中国革命的正确道路。对于有同志怀疑革命根据地红色政权能否存在，提出“红旗到底打得多久”的疑问，毛泽东在大量调查研究基础上深刻分析了红色政权能够长期存在的独特原因以及其存在和发展所需要的条件，对中国红色政权存在的规律作出正确的认识和判断，从而作出了符合实际和符合

① 《毛泽东选集》第3卷，人民出版社1991年版，第800页。
② 《毛泽东选集》第3卷，人民出版社1991年版，第800页。
③ 《毛泽东选集》第3卷，人民出版社1991年版，第801页。

规律的科学决策。

通过调查研究得出内在规律的正确认识，既要充分了解社会现象和具体实际情况，还需要从发展变化的客观世界和特定的时空条件出发，透过现象看到事物发展的内在本质。这种透过现象抓住本质的分析方法，就是系统的周密的研究方法。“我们看事情必须要看它的实质，而把它的现象只看作入门的向导，一进了门就要抓住它的实质，这才是可靠的科学的分析方法。”[①]也就是说，要作出符合客观规律的科学决策，既要进行系统周密的调查工作，也必须对调查了解的情况进行系统周密的研究工作。

二、科学决策的贯彻落实离不开调查研究

（一）推动科学决策贯彻落实离不开调查研究

通过调查研究了解情况、掌握规律是科学决策的内在要求，科学决策离不开调查研究，科学决策贯彻落实的过程同样离不开调查研究。调查研究是认识世界的基本方法，科学决策的贯彻效果如何以及执行中是否需要调整完善都需要通过调查研究获取相应认识。

没有调查研究就没有发言权，没有调查研究就没有决策权，这两句著名的论断使全党已经充分认识到了调查研究对于科学决策的重要性，但调查研究对于政策贯彻落实的重要性仍然没有得到足够的认识。通过调查研究了解情况、掌握规律是科学决策的内在要求，而通过调查研究进一步提出具体的操作性措施和可行性实施办法，以及采取正确的实施策略，可以说是科学决策有效贯彻落实的支撑。即便一项完全符合实际情况和内在规律的科学决策，如果在贯彻落实中光靠从会议到会议、从

① 《毛泽东选集》第1卷，人民出版社1991年版，99页。

文件到文件，也无法落到实处、取得实效。由此可知，调查研究既是科学决策的形成过程，也是创造决策实施条件、推动决策有效落实的过程。

科学决策是认识世界的过程，贯彻落实科学决策则是改造世界的过程，也是主观意志转化为客观现实的过程。这需要采取和实际情况以及当时环境相契合、相适应的政策举措和政策方案，需要采取恰当的实施策略。也就是说，有了科学决策，如果没有具体可操作的实施办法以及正确的实施策略，同样达不到期望的政策效果。而能有效结合当时当地环境的具体的实施办法和正确的实施策略只能从实践经验中产生，只能来源于深入实际的调查研究。毛泽东在革命初期就强调要通过调查研究决定实施策略的重要性，"使党员注意社会经济的调查和研究，由此来决定斗争的策略和工作的方法，使同志们知道离开了实际情况的调查，就要堕入空想和盲动的深坑"[①]。只有通过调查研究才能得出对决策实施环境和条件的正确估量，并据此确定可行的具体办法和正确的实施策略。

所有科学决策在贯彻落实中都需要通过调查研究寻找具体操作办法和实施策略，对于贯彻落实中央政策更是如此。只有通过深入扎实的调查研究，才能实现中央政策与本地区本部门本单位实际情况的有效结合，才能抓住中央政策贯彻落实的关键。中央政策具有普遍指导意义，各地区各部门各单位在贯彻执行的时候，必须具体分析各自千差万别的情况和具体事物的复杂特点，要把中央的政策同各地区各部门各单位的具体实际结合起来，并根据各自实际情况提出具体实施的办法和措施。只有这样，才能有效地贯彻执行党的各项方针和政策。如果不对实际情况进行调查研究，不能从各自具体情况出发，因地制宜地制定贯彻执行的具体方案和具体办法，并有针对性地解决工作中的具体问题，只是采取照搬、照抄、照转的简单方法，是不太可能真正把中央决策贯彻落实到位

① 《毛泽东选集》第1卷，人民出版社1991年版，第92页。

并取得好的执行效果的。

贯彻落实中央政策必须把调查研究与具体实际情况紧密结合起来，不开展调查研究的贯彻落实必然会出现形式性的照抄、照搬、照转，或者就是脱离实际的一刀切、瞎指挥，不但难以取得好的效果，往往还会造成直接的损害。毛泽东在中国革命初期从血的经验教训中认识到不根据实际情况而一味盲目执行的形式主义态度的危害，“为什么党的策略路线总是不能深入群众，就是这种形式主义在那里作怪。盲目地表面上完全无异议地执行上级的指示，这不是真正在执行上级的指示，这是反对上级指示或者对上级指示怠工的最妙方法”①。要避免形式主义的贯彻落实，就要通过调查研究吃透本地区本单位本部门的实际情况，根据调查研究所了解到的实际情况贯彻落实相关政策。

（二）贯彻落实科学决策的方法依靠调查研究才能有效实施

贯彻落实科学决策的过程，就是运用科学决策改造世界的过程。科学决策在改造世界过程中效果如何，政策是否需要在执行过程中进一步修改调整和发展完善，贯彻落实中有没有较好政策效果的典型经验值得总结推广和学习借鉴，是否需要先通过政策试点的方法进行小范围尝试，在总结经验和教训后进一步扩大和推广等等，这一系列问题的认识和回答都离不开调查研究。此外，认识世界的科学决策过程和运用科学决策改造世界的过程随着实践发展不断变化、持续向前，这也意味着无论采用什么方法贯彻落实科学决策都离不开调查研究。

运用科学决策改造世界的过程，如果要获得关于科学决策改造世界效果的正确认识，必须在科学决策贯彻落实全过程采取深入调查研究的方法。决策是否是科学合理的，要经过贯彻落实的实践进行检验，而了

① 《毛泽东选集》第1卷，人民出版社1991年版，第111页。

解实践检验效果则必须通过调查研究。如果决策本身不够完善，或者随着外部环境和条件的变化出现了新情况新问题，就要通过调查研究掌握变化的情况并对政策进行修改调整或补充完善。即便决策的确是科学合理并且完全正确的，要了解贯彻落实的进展程度和实际效果，也需要进行调查研究。此外，决策的科学性并不意味着决策实施的效果就一定好，还需要通过调查研究为科学决策寻找合适有效的贯彻落实方法。中国共产党贯彻落实决策的重要方法，如一般号召与个别指导相结合的方法、典型经验方法、试点方法等，都必须在实行过程中运用调查研究来实施推动。

中国共产党推动政策落实最常见、最广泛的方法是一般号召与个别指导相结合的方法。在调查研究基础上制定的科学决策在颁布实施之后就成为需要普遍执行的一般号召。作为一般号召的科学决策要得到有效的贯彻落实，领导者需要通过调查研究深入了解贯彻落实取得较好效果的典型成功经验，并把典型成功经验确立为贯彻落实的榜样和模范。这种运用典型成功经验进一步丰富和完善一般号召，从而推动一般号召更好贯彻落实的方法就是毛泽东所概括的一般号召和个别指导相结合的方法。“凡有成绩者，都是采用了一般号召和个别指导相结合的方法；凡无成绩者，都是没有采用此种方法。”[①]这种方法的运用是建立在调查研究基础之上的，离开了调查研究，既不能产生这种方法也无法运用这种方法。通过调查研究，总结一般号召在实施过程中的典型经验，然后利用典型经验推动一般性的政策得到更好的落实，成为中国共产党推动政策贯彻落实的成功经验和重要方法。

在运用一般号召与个别指导相结合贯彻落实政策的过程中，调查研究担负着支撑连接一般与个别并实现一般和个别有效结合的重任。一般

---

① 《毛泽东选集》第3卷，人民出版社1991年版，第897页。

号召来自于通过调查研究得出规律性认识之后的科学决策，个别指导同样来自于通过调查研究所总结的典型做法和成功经验，一般号召和个别指导的基础都是调查研究。即使经过调查研究成为科学决策的一般号召，也需要运用个别指导才能得到更好的贯彻落实。如果只限于一般号召，而领导人员没有具体地直接地从若干组织将所号召的工作深入实施，突破一点，取得经验，然后利用这种经验去指导其他单位，就无法考验自己提出的一般号召是否正确，也无法充实一般号召的内容，就有使一般号召归于落空的危险。[①] 这就意味着不仅作为科学决策的一般号召是在深入调查研究的基础上制定出来的，而且一般号召的有效贯彻落实同样必须经过深入的调查研究。

（三）深入群众调查研究是高效贯彻落实和形成执行合力的关键

科学政策不仅要符合实际情况和客观规律，还需要符合人民意愿和所思所盼。政策是否符合人民利益，是否能够得到人民群众真心的拥护和支持，既需要在政策制定阶段使决策需要的相关情况和客观信息“从群众中来”，并作为科学决策的基础；也需要在政策实施阶段推动政策“到群众中去”，争取把政策转化为群众的自觉行动，形成政策执行的强大合力。

决策依据的情况和信息不会自动“从群众中来”，需要深入群众调查研究才能得到；同理，制定的政策也不会自动跑“到群众中去”，仍然需要深入群众调查研究，通过宣传解释和组织动员，才有可能把政策化为群众的自觉行动。制定政策本身不是目的，目的是为了有效改造客观世界，为群众谋取实实在在的利益。而政策是否已让广大群众知晓，人民群众是否认同和理解支持这些政策，都需要深入群众调查研究才能掌握。

① 《毛泽东选集》第3卷，人民出版社1991年版，第897页。

毛泽东强调，“我们的政策，不光要使领导者知道，干部知道，还要使广大的群众知道”①。群众了解了政策是为自己谋利益的，在执行政策方面就与干部有了共同的目标和统一的行动。广大群众对政策了解越多、理解越深、认同度越高，化为自觉行动的可能性就会越大，政策执行的效果就会越好。

中国共产党通过调查研究找到了“从群众中来”的实现科学决策的有效途径，又通过调查研究找到了“到群众中去”的贯彻落实科学决策的最好办法。贯彻落实科学决策的最好办法是通过大量调查研究总结概括出来的。政策在执行中是否符合群众的利益和需要，执行过程有没有偏差和失误，只有深入群众调查研究才能准确掌握。及时了解和随时掌握群众对政策执行的态度和反馈，向群众宣传解释政策意图，动员组织群众参与政策执行，同样只有深入群众调查研究才能有效推进。

党员领导干部深入群众调查研究，不仅是了解情况获取信息或者单方面向群众宣传动员的过程，这个过程同样还是与群众建立密切联系，充分调动和发挥广大群众积极性、主动性和创造性的过程。毛泽东把把政策化为群众的自觉行动上升为领导艺术来总结，“善于把党的政策变为群众的行动，善于使我们的每一个运动，每一个斗争，不但领导干部懂得，而且广大的群众都能懂得，都能掌握。这是一项马克思列宁主义的领导艺术”②。领导者与被领导者、政策执行主体与政策目标对象一起努力贯彻落实政策，与仅仅只是领导者和政策执行主体单方面贯彻落实政策相比，政策执行的效果必然会存在巨大差异。因此毛泽东多次对全党强调，政策实施不能由少数人包办代替、冷冷清清开展，一定要引导群众，使群众自觉行动起来。

---

① 《毛泽东选集》第4卷，人民出版社1991年版，1318页。
② 《毛泽东选集》第4卷，人民出版社1991年版，第1319页。

客观实践是不断发展的，群众的需求和愿望也会不断地发生变化，通过调查研究把“从群众中来”作为科学决策的基础，把“到群众中去”作为贯彻落实的方法，需要不断地循环往复进行下去。深入群众的调查研究需要循环往复地不断进行，也需要党员领导干部永远坚持和持续开展。

三、党员领导干部要通过调查研究不断提高科学决策能力

（一）调查研究是提高科学决策能力的重要途径

党员领导干部无论正确认识世界还是有效改造世界都必须从客观实际出发，不能从教条或者主观愿望出发。调查研究是认识客观实际的基本方法，客观事物存在的时间（过去、现在以及未来的趋势）、空间（地理位置、风俗民情、环境变化）和条件（客观和主观）的变化，只有通过系统周密的调查研究才能够深入了解和准确把握。党员领导干部要担负起正确认识世界、作出科学决策和运用科学决策有效改造世界的重任，就必须深入实际调查研究。

调查研究成为党员领导干部提高科学决策能力的重要途径，主要是因为人民群众是实践的主体和认识的主体，要制定正确的政策就必须通过调查研究了解群众的实践，只有调查研究群众实践才能做到了解情况和掌握规律。群众实践是随着外部环境和条件而不断发展变化的，“需要时时了解社会情况，时时进行实际调查”[①]。一些党员领导干部由于不重视调查研究而造成工作上的很大损失，毛泽东严肃批评这些“坐在机关里面打瞌睡，从不肯伸只脚到社会群众中去调查调查”的同志，并向不重

① 《毛泽东选集》第1卷，人民出版社1991年版，第115页。

视调查研究的党员干部大声疾呼“到群众中作实际调查去！”[①]党员领导干部深入群众调查研究，要把群众分散的、不系统的意见集中起来，把群众偏于感性的认识经过分析研究上升为集中的系统化的理性认识。这种通过调查研究从感性认识上升为理性认识的过程，本身就包括分析判断能力等在内的多种能力，持续深入的调查研究能够有效地训练提升党员领导干部的科学决策能力。

正是因为在革命实践中深刻认识到了调查研究是提高科学决策能力的重要途径，毛泽东历来注重对社会实际状况进行切实的调查研究。毛泽东在大革命时期通过各种渠道进行社会调查，通过对中国社会各阶级的经济地位及其革命态度进行分析，才得以准确区分谁是我们的敌人、谁是我们的朋友这个中国革命的根本问题，提出团结真正的朋友以攻击真正敌人的正确办法，从而纠正只注意同国民党合作而忘记农民的右倾机会主义，以及只注意工人运动而忘记农民的“左”倾机会主义。可以说，如果没有深入的调查研究，很难准确认识农民的重要性及其在中国革命中的关键地位和作用。正是因为毛泽东从自身实践深刻认识到了调查研究对于提高科学决策的重要性，“当面对着复杂的问题需要作出决断时，毛泽东历来主张应该从调查研究入手，把事实先切实地弄清楚”[②]。

调查研究能够成为党员领导干部提高科学决策能力的重要途径，还有一个重要原因，即深入群众的调查研究不仅能从群众实践中了解情况、掌握规律，还能学习借鉴群众的智慧和经验。习近平提醒党员领导干部寻求工作中好措施的办法就是要深入群众调查研究，办法就在群众中，“群众的实践是最丰富最生动的实践，群众中蕴藏着巨大的智慧和力量”，“调查研究多了，情况了然于胸，才能够找出解决问题、克服困难的办

① 《毛泽东选集》第1卷，人民出版社1991年版，第116页。

② 中共中央文献研究室编《毛泽东传》(一)，中央文献出版社2011年版，第124—125页。

法，作出正确决策，推进工作落实”。[①] 习近平始终重视调查研究，在地方任职期间，每年至少用三分之一的时间深入基层和群众中去调查研究。习近平用自己的实际经验和切身体会提醒党员领导干部要不断提高能力，就要迈开步子、走出院子，经常深入基层、深入群众调查研究，拜群众为师、向群众学习。

（二）通过调查研究提高科学决策能力需要完善制度保障

中国共产党在革命、建设、改革的任何时期，要想实现正确领导，都必须对实际情况进行系统周密的调查研究。调查研究成为科学决策和实现正确领导的基本立足点，制定正确的路线、方针、政策，必须立足于通过调查研究所获得的客观情况和准确认识。正是因为调查研究的这种极端重要性，使重视调查研究成为党的优良传统，使通过调查研究实现理论与实践的结合成为党的领导的基本经验。

中国共产党在早期严酷的革命斗争实践中，锤炼出极端重视对实际事实调查研究的科学工作方法，并逐步实现了调查研究的制度化。1929年12月通过的《中国共产党红军第四军第九次代表大会决议案》中专门强调：“使党员注意社会经济的调查和研究，由此来决定斗争策略和工作方法，使同志们知道离开了实际情况的调查，就要堕入空想和盲动的深坑。”[②]1931年4月2日，红军总政治部发布的《总政治部关于调查人口和土地状况的通知》中指出：“我们现规定了人口和土地两种调查表格。这两种表格主要的是要统计各阶级土地和人口比例，更具体地以铁的事实来解答我们现在许多问题。”[③] 通知要求，红军政治部每到一处注意填写，

① 习近平：《之江新语》，浙江人民出版社2007年版，第61页。
② 中共中央文献研究室编《毛泽东传》(一)，中央文献出版社2011年版，第220页。
③ 《毛泽东农村调查文集》，人民出版社1982年版，第12页。

地方政权机关逐乡去填写，红军和政府中的每个负责人则要随时随地进行这样的调查和统计。

调查研究的制度化到了抗日战争时期上升为党中央专门发布决定文件予以保障的程度。1941年8月1日，中共中央发布毛泽东起草的《关于调查研究的决定》，要求中央与各地方都要设置负责收集资料从事调查研究的专门调查研究机关，强调调查研究不仅是专门调查研究机构的任务，而且是全党和全体同志都要从事的工作。“除中央及各地的调查研究机关外，必须动员全党、全军、及政府之各级机关及全体同志，着重对于敌友我各方情况的调查研究，并供给上级调查研究机关以材料。”①

延伸阅读

党的二十大报告诞生记

党的二十大报告起草过程中，习近平总书记自始至终高度重视、全程领导，多次主持召开起草组工作会议，多次主持中央政治局常委会会议、中央政治局会议审议报告稿，对涉及党和国家事业发展的重大理论和实践问题进行讨论研究。

“报告中许多新的重要思想、重要观点、重大论断、重大举措，都是总书记深入研究、反复思考、亲自提出来的，这与他长期以来的理论思考和实践探索是分不开的。”文件起草组成员说。

从滴水成冰的内蒙古阿尔山边防哨所，到暑气升腾的新疆吐鲁番交河故城；从海南三亚国家南繁科研育种基地的滚滚稻浪，到山东威海甲午海战故地刘公岛的阵阵海风……

① 《毛泽东文集》第2卷，人民出版社1993年版，第362页。

十年来，习近平总书记步履不停、“调研开路”，发现问题、认识国情、寻求规律，不断丰富发展治国理政新理念新思想新战略，在广袤的土地上、广阔的视野下推进中华民族伟大复兴，为党的二十大报告起草提供了丰厚依据。

习近平总书记立足时代之基、回答时代之问、引领时代之变，以非凡理论勇气、卓越政治智慧、强烈使命担当，进行了一系列新的具有开拓性意义的理论创造，为党的二十大报告起草提供了思想指引。

习近平总书记的坚定理想信念、真挚为民情怀、高度历史自觉、强烈责任担当，潜移默化体现在报告起草工作全过程，起草工作扎实有力推进，不断取得丰硕成果。

一场场扎实调研、一次次深入讨论、一遍遍精心修改……在习近平总书记亲自领导下，文件起草组共召开6次全体会议，数十次小组和工作班子会议以及专题会议，对重要观点、重要提法、重要举措反复推敲、论证、打磨，报告稿在层层推进中逐步丰富、完善、成熟。

党的二十大报告起草坚持走群众路线，反映人民意愿，汇集各方智慧，充分解放思想，广泛凝聚共识。

“在起草工作中要充分发扬民主，加强调查研究，广泛听取意见，集中起各方面智慧。”习近平总书记在党的二十大报告起草伊始就明确强调。

按照党中央部署，54个单位承担重点课题调研任务，围绕26个专题开展调研，形成80份调研报告，共计132.7万字。在3个月连续深入调研中，64个课题组到各省区市实地调研179批次；25个课题组对465个单位进行书面调研；10个课题组委托252个单位进行专题调研。各课题组共召开1501场座谈会、18场视频座谈会，参会19022人次。课题组咨询访谈1847人次。

（**资料来源** 《推动中华民族伟大复兴号巨轮乘风破浪、扬帆远航——党的二十大报告诞生记》。）

调查研究的制度化保障贯穿了党领导的革命、建设和改革伟大事业的各个发展阶段，先调研后决策已经成为重大决策的必经程序和制度要求。“对本地区、本部门事关改革发展稳定全局的问题，应坚持做到不调研不决策、先调研后决策。提交讨论的重要决策方案，应该是经过深入调查研究形成的，有的是不同决策方案作比较。”①对于在党的各个发展阶段都受到高度重视的调查研究，在制度保障下已经成为党内决策和工作开展的优良传统。“好的方针政策和发展规划都应该顺应人民意愿、符合人民所思所盼，从群众中来、到群众中去。长期以来，我们党在出台重要方针政策、作出重大决策部署前，都要求有关部门深入基层调查研究，了解和掌握第一手材料。”②

① 习近平:《谈谈调查研究》,《学习时报》2011年11月21日。
② 《习近平谈治国理政》第4卷，外文出版社2022年版，第58页。

第五章 调查研究与群众路线

调查研究和群众路线都是关系到党的事业兴衰成败的大问题，两者具有高度的内在一致性。调查研究和群众路线的前提和基础都是群众观点，在实施主体、目标对象、工作过程以及认识论等方面的一致性，使两者的实施过程互相交织。调查研究是践行群众路线的首要环节和工作基础，践行群众路线必须深入群众开展调查研究，调查研究与群众路线形成一种互相支撑、互相促进的紧密关系。加强深入群众的调查研究，就可以把党的思想路线和根本工作路线有效贯通和连接起来，实现实事求是思想路线和群众路线工作路线的有机统一。

调查研究与群众路线在高度交融和互相促进中又发挥着各自独特的功能和作用，两者既不能相互替代，又不能分割。对于党员领导干部来说，在任何时候、任何情况下，都必须践行群众路线、坚持调查研究。

一、调查研究与群众路线具有高度的内在一致性

（一）调查研究和群众路线的前提和基础都是群众观点

作为中国共产党传家宝和党员领导干部基本功的调

查研究，与一般性调查研究最本质的区别就在于是否运用马克思主义的理论指导以及马克思主义的立场、观点和方法。只有秉持人民群众是历史的创造者和实践主体的群众观点，党员领导干部才会真正重视深入群众进行调查研究，重视向群众学习请教，重视准确掌握群众的需求和利益。可以说，离开了群众观点这个前提和基础，党员领导干部就不会深入群众开展调查研究，即使开展了调查研究，也不会是系统周密、扎实深入的调查研究。

人民群众是历史创造者的群众观点是群众路线的立足点。没有马克思主义的群众观点，不把一切为了群众、一切依靠群众作为一切工作的出发点和落脚点，就不会有“从群众中来、到群众中去”的群众路线。群众路线是中国共产党在马克思主义基本原理与中国实际结合过程中所创造出来的本土领导经验和杰出理论概括，是中国共产党对领导方法和领导理论的伟大贡献。毫无疑问，群众路线的领导方法是以群众观点为前提和基础的。

中国共产党所倡导的群众路线和调查研究，都以群众观点为前提和基础，都把人民群众作为创造历史的动力和社会实践的主体。

（二）调查研究与群众路线在主体、对象、过程等方面具有一致性

调查研究是党员领导干部实现正确领导的基础和必须具备的基本功。毫无疑问，调查研究的主体是党员领导干部，党员领导干部需要时时了解社会情况、时时进行实际调查。群众路线作为党的根本工作路线和党员领导干部必须掌握的根本领导方法，践行群众路线的主体当然也应该是党员领导干部。调查研究和群众路线在实施主体上具有一致性。

党员领导干部调查研究的对象主要是人民群众，要深入群众之中进行调查研究。调查研究的目的是为了更好地服务于人民群众，不是为调

查而调查，而是要通过调查研究切实了解社会的实际情况，准确把握人民群众的需要和利益，从而制定出符合客观实际与人民群众利益的正确政策。群众路线的对象同样是人民群众，党员领导干部要通过践行群众路线与群众建立紧密的联系，既要依据群众意见和需求制定出符合群众利益的政策，又要依靠群众的力量共同实施政策。群众路线的对象和目标都是人民群众。从对象和目标来看，调查研究和群众路线都是人民群众或者是人民群众的利益，都要为了群众和依靠群众。

调查研究的过程就是深入人民群众之中了解情况、汇聚智慧的过程，践行群众路线“从群众中来、到群众中去”的过程本身就包含调查研究的过程，尤其是“从群众中来”的过程实质就是汇聚群众意见和智慧的调查研究过程。践行群众路线的过程是一个需要不断反复深入群众进行调查研究的过程，是领导干部深入群众、联系群众的过程。践行群众路线包含调查研究过程，并与调查研究在实践过程中实现了你中有我、我中有你的深度融合。调查研究过程与践行群众路线过程，实际上是相互交织、互相融合的同一个过程。

（三）调查研究与群众路线在认识论上具有内在一致性

调查研究是了解情况的最基本方法。毛泽东在《关于农村调查》一文中强调，“认识世界，不是一件容易的事”，要认识不断变化的新事物、获得新的知识，就要持续不断地进行调查。[①] 他指出，“要了解情况，唯一的方法是向社会作调查”，把调查研究看作是认识世界的基本方法。[②]

调查研究是认识世界的基本方法和实事求是的根本途径，可以分为实践调查和理论研究两个环节，包含从感性认识到理性认识的完整过程。

① 《毛泽东农村调查文集》，人民出版社1982年版，第21页。
② 《毛泽东农村调查文集》，人民出版社1982年版，第15页。

调查研究在“实践—认识—实践”的多次反复过程中，实现对客观世界的正确认识以及主观和客观的统一。

群众路线与调查研究都是把群众观点作为自己的前提和基础，认为社会实践主要是人民群众的实践。群众观点和实践观点是统一的，认识来源于实践和认识来源于群众是统一的，从群众利益出发和从实践出发的思想也是统一的。把人民群众看作社会实践主体，深入人民群众获得正确认识的调查研究就是马克思主义的认识论。

群众路线把领导者的实践融入人民群众的实践之中，把领导者的认识与群众的认识统一起来。“从群众中来、到群众中去”，也就是党员领导干部的认识要从群众的实践中来，再到群众的实践中去检验和完善。“从群众中来”的过程，是党员领导干部向群众请教和向群众寻求真理的过程，以及党员领导干部从感性认识上升到理性认识的过程。“到群众中去”的过程，是党员领导干部用“从群众中来”的理性认识即制定的政策和领导意见，去指导群众实践的过程，以及进一步在群众实践中检验、丰富和发展理性认识的过程。

延伸阅读

向群众的实践请教

（一九六四年九月二十五日）

毛泽东

我们的干部中，自以为是的很不少。其原因之一，是不懂马克思主义的认识论。因此，不厌其烦地宣传这种认识论，是非常必要的。简单地说，就是从群众中来，到群众中去。下决心长期下去蹲点，就能听到群众的呼声，就能从实践中逐步地认识客观真理，变为主观真理，然后再回到实践中去，看是不是行得通。如果行不通，则必须重新向群众的实践请教。这样就可以解决框框问题，即教条主义问题了，就可以不信迷信了。

（**资料来源** 中共中央文献研究室：《毛泽东 周恩来 刘少奇 朱德 邓小平 陈云思想方法工作方法文选》。）

群众路线密切联系群众的过程与从群众中获取正确认识的过程具有一致性，党员领导干部密切联系群众的“群众—领导—群众”互动过程，实际上同样就是“实践—认识—实践”的认识过程。正是因为领导与群众的反复互动过程同时就是基于群众实践的认识过程，由此，毛泽东把“从群众中来、到群众中去”的无限循环过程直接认为就是马克思主义的认识论，“如此无限循环，一次比一次地更正确、更生动、更丰富。这就是马克思主义的认识论”[①]。群众路线在实践和认识之间、在领导和群众之间构筑了一个动态循环的认识系统，既生动地诠释了马克思主义的认识论，又使群众路线成为马克思主义认识论、唯物辩证法和历史唯物论的有机结合。

党员领导干部践行群众路线的过程就是深入人民群众调查研究的过程，深入人民群众的调查研究就是在践行群众路线。调查研究是群众路线的认识论基础，群众路线理论从认识世界的角度看就是马克思主义的认识论，群众路线与调查研究在马克思主义认识论上实现了过程上的完全统一和有机融合。

调查研究与群众路线在实施主体、目标对象、工作过程以及认识论等方面的一致性，使两者的实施过程互相交织，并在中国共产党发展过程中几乎具有同等重要的突出地位。调查研究和群众路线都被放到关系

① 《毛泽东选集》第3卷，人民出版社1991年版，第899页。

党的事业兴衰成败的高度和地位来看待。党的工作取得胜利不断发展的时候，无一例外的都是调查研究和群众路线得到了较好的贯彻和坚持。与此相反，党的事业受到挫折的时候，则是调查研究和群众路线受到削弱和没有被很好坚持的时候。

二、调查研究与群众路线是一种互相支撑、互相促进的紧密关系

（一）调查研究是践行群众路线的首要环节和工作基础

调查研究是党员领导干部深入群众实践，向群众请教和向群众寻求真理的过程。人民群众作为社会实践主体，既是党员领导干部调查研究的对象，也是党员领导干部践行群众路线密切联系的对象。党员领导干部深入群众调查研究的过程，同时也是密切联系群众并帮助群众解决实际问题的过程，其实就是践行群众路线的过程。习近平把人民群众实践作为获得正确认识的源泉和检验深化认识的根本所在，特别强调指出，“搞好调查研究，一定要从群众中来、到群众中去，广泛听取群众意见”[①]。习近平一直高度重视群众路线以及调查研究，他在大量实践基础上深刻洞察了调查研究必须“从群众中来、到群众中去”的特点，精辟论述了调查研究与群众路线的关系。

调查研究与群众路线在过程上的一致性并不意味着调查研究的过程完全等同于群众路线的过程。调查研究虽然贯穿着践行群众路线的全过程，但作为认识世界的主要方法和实事求是的根本途径，调查研究主要发挥着群众路线首要环节和工作基础的重要作用。群众路线的“从群众中来”这个首要环节，就是要通过深入群众的调查研究，实现对客观实际的正确认识。党员领导干部践行群众路线，首先要深入基层、深入群

① 习近平：《谈谈调查研究》，《学习时报》2011年11月21日。

众开展调查研究，集中人民群众的意见、经验和智慧。不从调查研究入手，就无法汇聚群众的意见，各种分散的、不系统的意见就无法从群众中来。根据这些“从群众中来”的意见和经过研究后掌握的客观实际的规律，才能制定出正确的路线、方针和政策。

群众路线包含“从群众中来”这个认识世界的阶段和“到群众中去”这个改造世界的阶段，准确认识世界离不开深入群众的调查研究，改造世界同样离不开深入群众的调查研究。“从群众中来”所得出的意见和决策，还需要“到群众中去”才能发挥改造世界的作用。这些意见和决策能否有效指导实践，在指导实践过程中是否需要进一步调整和完善，需要通过深入群众的调查研究才能知晓。可以说，“到群众中去”的改造世界的过程也必须发挥调查研究的认识论作用。认识世界和改造世界的过程随着实践发展是不断变化、持续向前的，这也意味着“从群众中来、到群众中去”的反复循环过程始终需要进行调查研究。由此可见，调查研究成为群众路线的首要环节，并且在群众路线全过程都起到重要的基础性作用。

调查研究是践行群众路线的首要环节和工作基础，意味着党员领导干部必须深入实际、深入基层向群众进行调查研究，才能保证群众路线的有效贯彻。离开调查研究，将会无法真正地“从群众中来”，也无法有效地“到群众中去”，群众路线的实施也就失去了保障。离开调查研究，群众路线只能流于表面和形式，群众路线是党的生命线和根本工作路线的说法就会变成“动听”的空话和“漂亮”的口号。

（二）践行群众路线必须深入群众开展调查研究

群众路线充分依靠群众的实践去认识世界和改造世界，是基于马克思主义认识论而独创的正确领导方法。践行认识论与方法论相统一的群众路线，必须深入群众进行调查研究。离开调查研究，群众路线领导方法将会失去认识论的有力支撑，群众路线领导方法就会失去本身独有的巨大威力。在马克思主义理论指导下的调查研究，必然要践行群众路线，因为只有深入群众才能开展深入系统、扎实细致的调查研究。

毛泽东是中国共产党人深入群众开展调查研究的开拓者，也是党的群众路线理论的创始人。毛泽东经过多年深入群众的调查研究，找到了中国革命的独特道路，总结了关心群众生活、注意工作方法的群众工作经验。可以说，毛泽东如果没有长期持续深入的调查研究，没有经过深入群众调查研究写出《寻乌调查》、《长冈乡调查》和《才溪乡调查》等大量调查研究报告，就不会写出群众路线理论基础和群众工作经验总结的《关心群众生活，注意工作方法》，就不会最终形成代表党的领导方法之大成的群众路线。“将群众的意见(分散的无系统的意见)集中起来(经过研究，化为集中的系统的意见)，又到群众中去作宣传解释，化为群众的意见，使群众坚持下去，见之于行动，并在群众行动中考验这些意见是否正确。”①这句对群众路线的精辟表述和理论总结，实际上既包含了调查研究，也包含了群众工作，是对如何做好调查研究和群众工作的准确提炼和高度概括。认识到了这一点，就可深刻理解调查研究在群众路线中所发挥的基础性作用。

践行群众路线需要深入群众进行调查研究，深入群众的调查研究其实就是在践行群众路线。对于调查研究必须采取群众路线“从群众中来”的方法，毛泽东明确强调，“制定一整套的具体的方针、政策和办法，必须通过从群众中来的方法，通过作系统的周密的调查研究的方法，对工作中的成功经验和失败经验，作历史的考察，才能找出客观事物所固有

---

① 《毛泽东选集》第3卷，人民出版社1991年版，第899页。

的而不是人们主观臆造的规律，才能制定适合情况的各种条例”①。由此可见，没有深入群众的调查研究，就不可能有正确的“从群众中来”，也无法把“从群众中来、到群众中去”的群众路线联结为一体，调查研究成为群众路线中连接“来”与“去”的重要桥梁和转化枢纽。

践行群众路线离不开调查研究，但调查研究并不意味着就是走群众路线。只有牢记全心全意为人民服务的宗旨，深入群众的调查研究，才是践行群众路线的调查研究，才能在群众路线中发挥首要环节和重要的基础性作用。

总而言之，作为群众路线首要环节和工作基础的调查研究有助于促进群众路线的贯彻落实，是群众路线能够发挥巨大作用的重要支撑。大力践行群众路线，应该把加强调查研究作为一个切入点和重要基础，在全党大兴调查研究之风。

三、调查研究与群众路线高度交融互相支撑但并不能相互替代

（一）调查研究与群众路线在实施中具有高度的相互交融性

尽管一般性的调查研究与群众路线有很大的区别，但是中国共产党所倡导的调查研究，同群众路线一样都是把群众观点作为前提和基础。基于共同的实施主体、目标对象，再加上在认识论方面具有内在一致性，使调查研究与群众路线在实施过程中具有高度的相互交融性，具有互相支持、互相促进的独特关系。

人民群众既是调查研究的对象，也是群众路线的对象。深入群众调查研究的过程，也是践行群众路线的过程；践行群众路线，离不开深入群众的调查研究。人民群众是实践的主体和认识的主要来源，调查研究

① 《毛泽东文集》第8卷，人民出版社1999年版，第305页。

的对象主要是广大人民群众。调查研究要深入群众倾听民意、了解民情、汇聚民智。倾听民意、了解民情、汇聚民智的过程，本身就是密切联系群众的过程。毛泽东是密切联系群众进行调查研究的典范，他不但反复告诫党员领导干部要深入群众调查研究，及时了解群众的生产、生活情况，直接掌握群众的意见和建议；还特别要求调查研究的党员领导干部要放下臭架子、甘当小学生，拜人民群众为师，向人民群众请教学习。很显然，重视群众以及密切联系群众的调查研究就是在践行群众路线。

党员领导干部践行群众路线的过程，就包括深入群众进行调查研究的过程。调查研究是贯彻群众路线的首要环节，也贯穿于整个“从群众中来、到群众中去”的整个认识过程。党员领导干部只有通过深入基层、深入群众的调查研究，与群众密切联系、打成一片，才能获取“从群众中来”的意见和信息，为正确认识世界和科学决策奠定坚实的基础。“到群众中去”改造世界的过程，同样需要通过调查研究获取实施效果的反馈。“从群众中来、到群众中去”的整个过程，必然同步伴随着调查研究的过程。群众路线作为领导方法的贯彻实施，不可能离开调查研究，调查研究贯穿于群众路线的整个过程和每一个环节。

延伸阅读

福州“3820”战略工程是习近平融群众路线与调查研究为一体的典范

1993年，时任福州市委书记习近平主持编制了《福州市20年经济社会发展战略设想》（简称“3820”战略工程），系统谋划了福州3年、8年、20年的经济社会发展战略，这项战略谋划历时半年、十易其稿，是坚持走群众路线深入调查研究的经典范例。福州开展了“3820”战略工程万人问卷、千人调研、百人论证。1627名干部围绕581个课题调查研究，完成了367篇调研报告。课题组分赴广东、海南、上海、北京等地考察，借鉴先进经验。市委召集各领域的专家学者、企业负责人，先后召开数十场不同类型的征求意见会议。

“3820”战略工程是把群众路线与调查研究融为一体的典范。据当时参与这项调研工作的福州市干部回忆，“当时我们走了群众路线，可以说发动了整个福州的干部、群众来做这件事。我们在《福州晚报》刊发了一个调查问卷，询问市民对福州20年的发展是怎么想的。这样的问卷，起到了动员的作用，做到了群策群力。当时有几十万名市民参与了这个活动，我们就把这个活动称为‘万人问卷’。”“还有一个活动叫‘千人调研’。除了市里直接抓这个事，我们也要求县（市、区）和市直相关部门必须参与。当时调研的题目就有五六百个之多，形成了‘千人调研’的局面。可以说，福州的干部、群众都在思考福州今后20年的发展问题。”

制定这项战略不仅广泛发动本地干部、群众深入调研，还派出两支精干队伍外出调研，分别南下、北上学习借鉴别人的经验，调研活动开展了半年左右。“习书记这期间多次听取汇报，多次开会讨论，还请各方面的专家学者，以及县（市、区）一线工作的干部一起来论证思路方案。所以当时我们制定规划有‘万人问卷’‘千人调研’‘百人论证’之称。”

福州市在2010年时对“3820”战略工程进行了总结，“3820”战略工程提出的工作目标，除了一两项二级指标外，其他指标全部如期完成。20年的发展实践证明，“3820”战略工程指定的指标非常符合实际，都是十分科学的。……特别要提到的是，2010年的各项指标跟“3820”战略工程提出的指标非常吻合，基本上都是恰好达到或者超出一点点，没有高很多的情况，也没有低很多的情况。我想，这与“3820”战略工程在规划之初就追求的科学性、务实性是分不开的。当时提出的指标，都提得特别具体、特别实际。坚持求真务实，是习书记一贯倡导的理念。

“3820”战略工程对引领福州高质量发展发挥了巨大作用。2021年3月，习近平总书记在福建福州考察调研时还专门提到了当年他主持制定的这项工程，“现在的建设都符合这个方向，跟我们当时设想是一致的，而且发展得比我们设想还要好”。

（**资料来源** 中央党校采访实录编辑室：《习近平在福州》；新华网：《让有福之州更好造福于民——“3820”战略工程引领福州高质量发展纪实》。）

调查研究与群众路线相互支持、相互促进、相辅相成，两者之间形成了一种相互交融的独特关系。扎实深入的调查研究必须要走群众路线，只有深入群众之中并与群众建立密切的联系，才能获取对客观实际以及群众意见的正确认识。真正对群众满怀深情、深入细致的调查研究，本身就是在践行群众路线。调查研究与群众路线的这种高度交融和有机结合，成为中国共产党领导方法的突出特点和重要优势。

（二）调查研究与群众路线各自有其核心功能，不能简单相互代替

调查研究与群众路线具有多方面的一致性，在实施过程中也具有高度交融性，具有相互支持、相互促进的突出特点。但是调查研究和群众路线并不能画等号，两者各自有其独特功能与突出作用，并不能直接相互代替。

首先，二者的方法不同。群众路线是中国共产党独创的根本领导方法，调查研究方法则是使用范围更广和更普遍的一种方法。只有在马克思主义理论指导下，运用马克思主义立场、观点和方法的调查研究，才是与群众路线高度一致和相互交融的方法。经过中国共产党改造使用的调查研究与群众路线一起，成为中国共产党所独有的融世界观、认识论

和方法论为一体的领导方法和工作方法。

其次，二者创造和运用的途径不同。对于中国共产党而言，群众路线领导方法是在深入运用调查研究方法的基础上创造出来的，群众路线领导方法的娴熟运用和理论概括，要远远晚于调查研究方法的普遍使用和理论总结。毛泽东在大量深入群众的实际调查中，不但找到了通过调查研究把马克思主义基本原理与中国实际相结合的具体办法和主要途径，实现了马克思主义中国化的伟大创造；还发现了调查研究这个克服主观主义的锐利武器，探索走出了一条符合中国实际的革命道路。在通过调查研究推动实现马克思主义中国化的过程中，在运用调查研究不断总结党的群众工作成功经验和有效工作方法的基础上，毛泽东把群众路线概括为党的根本工作路线和基本领导方法，标志着党在领导方法运用和领导经验总结上的高度成熟。可以说，没有对调查研究始终如一的高度重视，没有把调查研究上升到党员领导干部实现正确领导的基础和基本功的高度，没有把调查研究上升到关系党的事业兴衰成败的高度，就不会有群众路线这个契合中国国情、充满中国智慧、集多种领导方法之大成的伟大理论创造。

最后，二者的功能不同。调查研究主要发挥着保障党的思想路线的核心功能。实事求是是党的思想路线，也是党的根本思想方法和工作方法。离开了调查研究，就无法实现实事求是，也无法做到理论联系实际。调查研究是认识世界的基本方法，是实事求是的根本途径和重要手段，调查研究的过程就是在了解实际情况基础上寻求客观规律的过程，因此必须采取实事求是的科学态度。习近平向广大党员领导干部强调，“要了解实际，就要掌握调查研究这个基本功”[①]，精辟地指出了调查研究对于实事求是的基础地位和重要作用。要贯彻实事求是的思想路线，广大党

---

① 《习近平谈治国理政》第4卷，外文出版社2022年版，第526页。

员领导干部必须深入群众、深入基层、深入实际经常性地进行调查研究，时刻关心了解人民群众的利益、愿望和要求，时刻了解不断发展变化的客观实际。群众路线作为党的根本工作路线，核心功能是实现领导与群众的有效结合，保障党带领广大人民群众实现各个阶段的历史任务。群众路线是在我们党的一切实际工作中都必须采取的领导方法，是用来克服主观主义和官僚主义的科学的领导方法。群众路线作为根本工作路线需要发挥实事求是思想路线的基础和支撑作用，群众路线实现领导和群众相结合的基础和前提是理论与实际相结合。没有理论与实际相结合的思想基础，就无法真正有效地实现领导和群众相结合。

延伸阅读

“四下基层”是融合调查研究与群众路线的制度创新

“信访接待下基层、现场办公下基层、调查研究下基层、宣传党的方针政策下基层”是习近平在宁德工作时大力倡导的一项重要制度。这项制度是习近平从调查研究实践中总结和提炼出来的一套拉近群众距离与直接为群众服务的工作制度，是一次融合调查研究与群众路线方法精华为一体的重要制度创新。据习近平当年在宁德工作的同事回忆，“习书记做的第一件事，就是扑下身子，到基层开展调研”。不但自己特别看重基层工作，还对宁德全体党员尤其是领导干部明确提出“四下基层”的要求。习近平对基层调查研究的重视给当地领导干部留下了深刻的印象，“那些一般人很少去的偏远山村，他都去调研走访。有的地方车子进不去，他就走路，走也要走进去了解群众的真实生活情况。他说，只有这样才能看到真实的东西”。“调研中，他贴近群众，说老百姓听得懂的话，问老百姓最关切的问题。”“关心百姓疾苦、深入基层调查，是我对习书记的第一印象，也是最深刻的印象。”

（**资料来源** 中央党校采访实录编辑室：《习近平在宁德》。）

党员领导干部深入人民群众调查研究的过程，就是实现领导与群众相结合的过程。要实现实事求是的思想路线，党员领导干部必须深入人民群众调查研究，而深入人民群众的调查研究同时也是在践行群众路线这个根本工作路线。正是因为调查研究所具有的独特作用，深入群众调查研究就可以把党的思想路线和根本工作路线有效贯通和连接起来，实现了实事求是思想路线和群众路线工作路线的有机统一。从这个层面讲，群众路线内在地包含着调查研究，群众路线离不开调查研究。

调查研究与群众路线在高度交融和互相促进中发挥着各自独特的功能和作用，两者既不能相互替代，又不能分割。调查研究主要是从认识论上讲的，首要解决的是正确认识世界的问题；群众路线主要是从唯物史观上讲的，首要解决的是领导与群众相结合并共同认识世界和改造世界的问题。鉴于调查研究和群众路线都发挥了极其重要而且无可替代的重要作用，两者都上升到了关系党的事业兴衰成败和党自身发展生死存亡的高度。在任何时候、任何情况下，都必须践行群众路线、坚持调查研究。

第六章

调查研究与群众工作

群众工作在任何时候任何情况下都是我们党的基础性、战略性工作，离开了群众支持，党的领导和执政就成了无本之木、无源之水。党的十九大将"增强群众工作本领"作为全面增强执政本领的八大本领之一，习近平在2019年中央和国家机关党的建设工作会议上指出："群众工作是我们的看家本领，我们党靠群众工作起家，同样要靠群众工作实现长期执政。"① 一方面，这是对中国革命、建设、改革经验的深刻总结；另一方面，凸显了群众工作在新时代中国特色社会主义建设事业中的现实价值。而调查研究是做好群众工作的基本方法和必要前提，直接关系群众工作的成败与否。

一、调查研究能够正确实现群众利益

群众利益是群众工作的出发点和落脚点，从实质意义上来看，群众工作的好坏关键在于能否满足群众的利益。利益表现为需求，从党的发展历史来看，凡是群众工作做得有声有色的时期，大多是党能够充分满足群众

① 习近平：《在中央和国家机关党的建设工作会议上的讲话》，《求是》2019年第21期。

需要和利益的时期，反之亦然。调查研究正是正确实现群众利益的基本领导方法和工作方法，它不仅能够“摸清”群众的真实需求，而且能够找到满足群众需求和利益的方法。1934年，在江西瑞金召开的第二次全国工农兵代表大会上，毛泽东即敏锐意识到了其他同志没有注意的两个问题：关心群众生活和注意工作方法。这两个问题都很重要，前者实际上代表了满足群众什么样的需求，后者代表了用什么方式满足群众需求，这两个问题都只能通过调查研究才能获得满意的解决。

理论链接

经常走出领导机关，深入实际、深入基层、深入群众，进行各种形式和类型的调查研究，非常有益于促进领导干部正确认识客观世界、改造主观世界、转变工作作风、增进同人民群众的感情，有益于深切了解群众的需求、愿望和创造精神、实践经验。

——习近平:《谈谈调查研究》

（一）调查研究能够“摸清”群众需求

由于群众利益是群众工作的基础，了解群众需求也就成为做好群众工作的前提。如果不能满足群众需求或者无法将其与党在不同时期的奋斗目标紧密关联起来（随着党的奋斗目标的逐步实现，群众需求也会日益得到满足），就不可能做好群众工作。群众需求具有客观性、历史性和群体差异性等特点，但群众需求并非浮于社会表面、通过感官即可对其直接加以把握，而是潜藏于社会和群众生产生活实践之中，既有普遍的反映，也有特殊的表现。对群众需求一无所知或认识偏颇，就无法实现群众利益，甚至可能损害群众利益而不自知，也就难以调动群众的积极性、主动性、创造性，党在每个时期的任务和目标势必成为空中楼阁。当然，群众需求中最基本的需求就是生活需求。毛泽东早期进行的长冈乡调查，就是因为该乡在代表会议、群众生活、公债推销、合作社运动、卫生运动、社会救济等方面均作出了突出成绩，印证了关心群众生活与完成党的中心任务之间的耦合逻辑，即“应该明白：长冈乡在战争动员上的伟大成绩，是与他们改良群众生活的成绩不可分离的”①。在此基础上，毛泽东明确阐明了党的中心任务与关心群众生活之间的内在关联，党当时的中心任务是“动员广大群众参加革命战争，以革命战争打倒帝国主义和国民党，把革命发展到全国去，把帝国主义赶出中国去。谁要是看轻了这个中心任务，谁就不是一个很好的革命工作人员”②。对于广大群众的切身利益、群众生活问题一点也不能疏忽与轻视，“假如我们对这些问题注意了，解决了，满足了群众的需要，我们就真正成了群众生活的组织者，群众就会真正围绕在我们的周围，热烈地拥护我们”③。

为此，毛泽东提醒，应该深刻地注意群众生活问题，从土地、劳动问题到柴米油盐问题。在中国共产党陕甘宁边区第二次代表大会上，陈云关于群众工作问题特别强调，“农民的一些问题，在我们有的同志看来是很小的事情，可是在农民自己看来却是很大的事情。我们不仅要帮助群众解决大的问题，也要帮助群众解决小的问题”④。党的十九大报告号召全体党员干部，“我们要坚持把人民群众的小事当作自己的大事，从人民群众关心的事情做起，从让人民群众满意的事情做起，带领人民不断创造美好生活！”⑤党的二十大报告将“服务群众本领”作为高素质干部队伍的三大本领之一。事实上，服务群众本领中最基本的本领就是调查研

① 《毛泽东文集》第1卷，人民出版社1993年版，第298页。
② 《毛泽东选集》第1卷，人民出版社1991年版，第136页。
③ 《毛泽东选集》第1卷，人民出版社1991年版，第137页。
④ 《陈云文选》第1卷，人民出版社1995年版，第173页。
⑤ 习近平：《决胜全面建成小康社会　夺取新时代中国特色社会主义伟大胜利——在中国共产党第十九次全国代表大会上的报告》，人民出版社2017年版，第50页。

究。显然，不了解实际，何以服务群众？“要了解实际，就要掌握调查研究这个基本功。”[①]群众的需求是具体的、现实的，摸清群众需求需要调查研究，越想对群众需求把握得更全面、更深刻，越需要深入细致地调查研究。只有这样，才能发现和了解人民群众急切盼望和令其忧心如焚的事情究竟是什么。“通过深入基层、深入实际、深入群众，我们可以了解群众在想什么、盼什么、最需要我们党委、政府干什么。”[②]

调查研究包括调查和研究两个方面。就调查而言，如果党员领导干部满足于浮光掠影、走马观花，可能看到的只是表象，甚至是假象。调查包括看二手资料、听下级的汇报，但仅有这些远远不够，代替不了党员领导干部亲赴现场的调查。在正定任职期间，“习近平调研一般不打招呼，不让人家事先准备，而是直接下乡、下厂、入户”[③]。他转遍了全县25个乡镇、221个村。在宁德工作时，他同样给其他领导干部留下了深刻的印象：“不是一个坐在办公室里听汇报的领导，而是面向基层要真相、要思路、要答案的务实领导。”[④]就研究而言，通过调查占有客观材料只是第一步。既要全面调查，尽可能多地占有丰富生动的客观材料，又要深入研究，毕竟调查获得的材料具有直观性、繁杂性、显在性等特点，多是感性认识，还要进一步发挥党员领导干部的主观能动性，运用历史唯物主义和辩证唯物主义的思维逻辑，去粗取精、去伪存真，由此及彼、由表及里，透过现象看本质，从偶然中发现必然，将感性认识上升至理性认识，把握事物本质和规律。要把二者结合起来，调查中有研究、研究中有调查，才能真正把握群众需求。

---

① 《习近平谈治国理政》第4卷，外文出版社2022年版，第526页。

② 习近平：《干在实处 走在前列——推进浙江新发展的思考与实践》，中共中央党校出版社2006年版，第534页。

③ 本书编写组编著《让群众过上好日子——习近平正定足迹》，河北人民出版社、人民出版社2022年版，第175页。

④ 中央党校采访实录编辑室：《习近平在宁德》，中共中央党校出版社2020年版，第2页。

延伸阅读

习近平调查之深入细致令人惊叹

习近平任职正定时，不仅对群众反映强烈的校舍问题展开普查，而且让县委专门发出通知，要求各乡镇、各村抓紧时间整修校舍，改善办学条件。为掌握全县校舍危旧情况和修缮进度，习近平一有时间就去学校转。近的骑自行车，远的乘车去，一转就是好几个村。哪个村、哪所学校、哪间教室是危房，危险到什么程度，习近平都在笔记本上一项不落地记了下来。

在听取校舍改善工作汇报时，他会当场点出来：哪所学校哪个教室的窗户修了没有，哪所学校哪排平房的房顶补上了没有……

习近平掌握情况之细，让前来汇报的县局长和校长们很吃惊："习书记咋那么清楚，啥都知道？"

（**资料来源** 本书编写组编著《让群众过上好日子——习近平正定足迹》。）

（二）调查研究能够找到实现群众利益的方法

如果说调查研究的第一步是向党员领导干部呈现问题、提出问题，即群众的需求到底为何物，那么调查研究的目标就是解决问题、帮助群众实现其利益，这就涉及到了实现群众利益的方法。"我们不但要提出任务，而且要解决完成任务的方法问题。我们的任务是过河，但是没有桥或没有船就不能过。"[①]这里的"桥"或"船"就是实现群众利益的方法。实现群众利益的方法包括两个层面的含义：群众能够喜欢、接受的实现

① 《毛泽东选集》第1卷，人民出版社1991年版，第139页。

其利益的方式；实现群众利益的具体方法。前者是前提条件，后者是实现途径。没有前者，后者不会顺利；没有后者，前者空洞无意义。前者解决的是群众的认受性问题，后者解决的是方法的科学性问题，归根到底都要依靠调查研究。

就前一个层面而言，尽管是党员领导干部帮助群众实现其利益，但也要尊重群众意愿，探寻群众能够接受的方式，这就需要调查研究。在长期的革命、建设和改革实践中，一些党员领导干部想当然地认为只要是为了群众好，就可以不注意方式方法，不用征询群众意愿，结果造成群众意愿性不高，靠党员干部单方面推动工作。这样工作的效果可想而知，其教训不可谓不深刻，究其本质，是党员领导干部的官僚主义、命令主义在作祟。正如毛泽东所言，“一切工作，如果仅仅提出任务而不注意实行时候的工作方法，不反对官僚主义的工作方法而采取实际的具体的工作方法，不抛弃命令主义的工作方法而采取耐心说服的工作方法，那末，什么任务也是不能实现的”①。他认为，领导方式上要群众化，反对官僚主义，工作方法上要和群众商量办事，反对命令主义。对于帮助群众实现利益的方式，“群众是否已经了解并且是否愿意行动起来，要到群众中去考察才会知道”②。所以解决群众利益的方式，只能通过调查研究，从群众中来、到群众中去，选择群众能够接受与满意的方式。

就后一个层面而言，调查研究就是具体解决问题。一方面，解决群众切身问题的办法，不应该也不可能有固定方案，必须以当时当地的具体条件为转移。但有一点确定不移、到处适用，即“解决群众切身问题的办法，必须在群众中去讨论，到群众中去找寻。因为只有群众才真正了解他们自己的问题，只有在群众中才能讨论出在当时当地解决问题最

① 《毛泽东选集》第1卷，人民出版社1991年版，第140页。
② 《毛泽东选集》第3卷，人民出版社1991年版，第1095页。

适当的办法”[1]。群众既是调查研究的对象，又是解决问题的主体，能够提供无穷的智慧和灵感，要向群众请教，做到问计于民。另一方面，在广泛深入调查研究的基础上，把握事物的本质的必然的联系，并以此作为行动的向导，具体问题具体分析，找到实现群众利益的最佳方案。

第二次国内革命战争时期，毛泽东曾高度赞扬了诸如兴国、赣东北等地的同志，这些地方苏维埃的同志在调查研究中既注重实现群众利益的方式，又能找到实现群众利益的准确方法；既能够从群众中来、到群众中去征求意见，又能够找到实现群众利益的现实途径。“他们把群众生活和革命战争联系起来了，他们把革命的工作方法问题和革命的工作任务问题同时解决了。”[2]他们自己也成为群众工作的良好组织者、领导者，在群众工作中作出了光辉的业绩，使这些地方成为模范的根据地，党员领导干部成为了模范工作者。

延伸阅读

是否调查研究，群众工作效果大不相同

（1935年）8月底，我受军团部贺总指挥的命令，率一个营到石门地区活动，一方面发动群众，建立革命政权；一方面扩大红军。为了扩大红军，我派出了两个工作组。一个组由一连指导员率领；另一个组由二连指导员黄新义同志率领。我提出，在扩大红军时，要广泛宣传红军的性质，要使广大群众了解，红军是为解放被剥削、受压迫的劳苦大众的队伍，“扩红”主要以贫农、雇农、城市贫农为主要对象。几天后的一个晚上，我召集参加“扩红”的同志开会，汇报工作情况。二连指导员黄

① 《陈云文选》第1卷，人民出版社1995年版，第169页。
② 《毛泽东选集》第1卷，人民出版社1991年版，第140页。

新义同志说，我带5个战士到新安扩大红军，已扩大了130人。我请他详细讲一讲他们的工作方法。他说："我们去了以后，先作调查研究，了解该村的穷人有多少？地主有多少？穷人是如何穷的，地主是如何剥削的？然后召开群众大会，用地主逼租、逼债的具体事实和具体人进行宣传，说明贫苦工农大众要翻身就要当红军。这样大大启发了群众的觉悟，不少人当场就积极要求参加红军。"另一个组，由于没有从农民受压迫、受剥削的切身痛苦入手扩大宣传，而是采取个别发动的方法，动员青年参军，结果只扩军20多人。两个组汇报以后，我肯定了黄新义同志的做法，号召大家学习他的经验。

（**资料来源** 《余秋里回忆录》上册。）

二、调查研究能够与群众打成一片

（一）调查研究就是接触群众、联系群众的过程

群众工作的主体是党组织和党员领导干部，客体是人民群众，群众工作就是主体对客体的教育、引导、组织和发动。所以，接触群众、联系群众、与群众打成一片既是群众工作的应有之义，也是做好群众工作的基本前提。很难想象，脱离群众、不与群众打交道的党员领导干部怎么能够做好群众工作。中国共产党作为马克思主义政党，为人民而生、因人民而兴，与人民的关系好比古希腊神话中安泰与大地的关系，不能须臾分离，一旦离开人民的支持，中国共产党就会从根本上丧失力量之源。在此意义上，"人民是我们党执政的最大底气，是我们共和国的坚实根基，是我们强党兴国的根本所在"①。中国共产党最大的政治优势是密切联系群众，执政后最大的危险就是脱离群众。"历史和现实都告诉我们，

① 《习近平谈治国理政》第3卷，外文出版社2020年版，第137页。

密切联系群众，是党的性质和宗旨的体现，是中国共产党区别于其他政党的显著标志，也是党发展壮大的重要原因；能否保持同人民群众的血肉联系，决定着党的事业的成败。”[①]正因为如此，调查研究对于中国共产党而言被极大地赋予了特殊的意涵，成为中国共产党密切联系群众、服务群众的重要方式，也是巩固党的执政根基的重要渠道。这也是中国共产党的调查研究不同于国外调查研究的根本，也是有别于学术上调查研究的特质所在。因而，尽管现在的交通、通信手段越来越发达，获取信息的渠道越来越多，但都不能代替党员领导干部与基层干部群众面对面接触和交流的调查研究。调查研究的过程，就是党员领导干部深入群众、与之建立密切联系、获得认同的过程，所以“要搞好调查研究，就要真正联系群众”[②]。调查研究与密切联系群众之间具有共通性，调查研究必然要加强与群众的联系，加强与群众的联系又是确保正确调查研究的必要条件。

在此过程中，要有端正的态度和扎实的作风。调查研究是党员领导干部主动接触群众、深入基层、了解生产生活状况的过程。“领导干部进行调查研究，要放下架子、扑下身子，深入田间地头和厂矿车间，同群众一起讨论问题，倾听他们的呼声，体察他们的情绪，感受他们的疾苦，总结他们的经验，吸取他们的智慧。”[③]习近平在宁德工作期间，“在基层调研，总是走在最前面，到老百姓家里看望慰问，也从不讲究。有的老百姓衣衫褴褛，手也不怎么干净，可他从不在意，进门就过去跟他们打招呼，握着他们的手进行交谈。有时候进了农户家里，就直接掀开锅盖看看老百姓吃的什么，对生活用度问长问短。老百姓都说习书记是打心

① 《习近平谈治国理政》，外文出版社2014年版，第366—367页。

② 中共中央文献研究室编《毛泽东 周恩来 刘少奇 朱德 邓小平 陈云论调查研究》，中央文献出版社2006年版，第47页。

③ 习近平：《谈谈调查研究》，《学习时报》2011年11月21日。

眼里关心我们”[①]。事实上，“只要你关心群众，同群众打成一片，不仅不搞特殊化，而且同群众一块吃苦，任何问题都容易解决，任何困难都能够克服”[②]。调查研究作为党员领导干部密切联系群众的独特方式，其在共产党长期执政中的地位不容忽视，也不可替代。随着时代发展，特别是信息化社会的来临，调查研究在治国理政中的作用不是降低了，而是提升了。可以说，只要我们用好调查研究这个武器，及时发现问题、解决问题，处理好各种诱发矛盾的隐患，解决人民群众的重大关切和切身利益，始终和人民群众站在一起，做到和人民群众心连心，我们就拥有了战胜一切艰险挑战甚至是惊涛骇浪的底气。毛泽东曾说过，“真正的铜墙铁壁是什么？是群众，是千百万真心实意地拥护革命的群众。这是真正的铜墙铁壁，什么力量也打不破的，完全打不破的”[③]。调查研究就是铸就铜墙铁壁的一种重要渠道和方式。正因为如此，调查研究不仅是一种工作方法，而且是关系党和人民事业成败得失的大问题。“我们党相继制定了一系列行之有效的制度，要在实践中不断健全完善，切实抓好贯彻落实，使调查研究真正成为各级领导干部自觉的经常性活动。”[④]

（二）调查研究就是解决群众实际问题

在群众工作中，只有先解决群众的实际问题和困难，才能赢得群众对党在不同时期任务和工作的支持和拥护，包括与党员领导干部之间建立友谊，密切相互之间的联系。很难想象，对群众的问题与困难漠不关心、视而不见的党员领导干部如何能够赢得群众的好感与爱戴，并与之建立密切的联系。调查研究能够摸清群众需求，找到满足群众利益和要

---

① 中央党校采访实录编辑室：《习近平在宁德》，中共中央党校出版社2020年版，第325页。

② 《邓小平文选》第2卷，人民出版社1994年版，第228页。

③ 《毛泽东选集》第1卷，人民出版社1991年版，第139页。

④ 习近平：《谈谈调查研究》，《学习时报》2011年11月21日。

求的方式和方法，所以“调查研究是一个联系群众、为民办事的过程”[①]。一方面，在调查研究过程中，党员领导干部到基层深入群众探究问题的成因及来龙去脉，把握现象背后的本质和规律，寻找解决问题的“真经”，能够与群众直接接触并建立联系。另一方面，调查研究的结果是帮助群众找到解决问题的方式和方法，解决群众的现实困难，维护、实现和发展群众利益，使群众从内心深处感谢党和政府，而党和政府的具象化代表就是党员领导干部，因而加深了对党员领导干部的信任，密切了党员领导干部和群众的关系。在此情况下，群众才会把党的任务和工作当成自己的任务和工作，主动支持党的事业的发展。尤其在革命战争年代，党员领导干部通过深入细致的调查研究，把准群众的迫切需求和现实利益，不遗余力地为解决群众生产生活中的难题而奋斗，涌现出了大量感人至深的生动事迹，形成了党群、干群鱼水情深、生死与共的关系，至今仍是我们值得倍加珍惜的一笔宝贵精神财富。

习近平从1982年3月至1985年5月，先后担任正定县委副书记和书记，在这里第一次走上领导岗位，“一千多个日日夜夜，他秉持为民情怀，坚持把百姓的事放在心里，抓住人民群众最关心、最直接、最现实的利益问题，整修危旧校舍，改善办学条件，改造农村连茅圈，解决群众卖奶难、卖菜难，让群众看到了变化、得到了实惠”[②]，真心为群众利益着想，细心体察群众疾苦，关心和爱护群众，在调查研究解决群众实际问题的过程中建立了与群众的深厚感情。在接到通知调往福建之际，他为了不惊扰大家，临走那天早上7点多钟，想趁大家还没有上班就走。可没想到，刚出办公楼，就看见县委院里已经站满了前来送行的人。“人群中，

① 习近平：《干在实处 走在前列——推进浙江新发展的思考与实践》，中共中央党校出版社2006年版，第534页。

② 本书编写组编著《让群众过上好日子——习近平正定足迹》，河北人民出版社、人民出版社2022年版，第220页。

有他帮助过的企业家，有他来正定后结交的农民朋友，有和他朝夕相处的同事，也有县城附近村里的乡亲们。”① 人们依依惜别的情景从侧面反映了习近平在正定调查研究的程度之深、范围之广、用情之真及其群众工作之能。梳理习近平从政轨迹不难发现，调查研究贯穿他的整个从政之路，为党员领导干部做好群众工作树立了极好的榜样。

延伸阅读

“角色代入”式调研解决群众生活困难

为了推动福州棚屋区改造，习近平同志开展了一次别开生面的调研。2000年7月2日下午2点左右，这是福州夏季中最热的时段，他带着省市有关负责同志到福州苍霞、上渡棚屋区调研。我当时搞不清楚，为什么大热天要去调研棚屋区？我们走近了典型的福州木头房子，屋顶是薄薄的瓦片，四壁是木板钉的。习近平同志个头高，走进去好像快碰到屋顶了。木头房子不隔热，大家在屋子里还没待上一会儿，就满身大汗了。他在现场说：“为什么我在这个时候把大家请到这里来？就是让大家体会一下棚屋区群众的生活环境。大家都是当干部的，有的还是领导干部，我们有没有人住这样的房子？让你们来这样的地方住，你们住不住？可是我们的普通百姓现在还住这样的房子，你们说应不应该改造？”大家一下子反应过来，异口同声答“应该！”在随后召开的棚屋区居民座谈会上，一位老大爷热泪盈眶地说：“衣食住行是人生四件大事，党和政府为我们解决了三件，现在又要为我们解决第四件，我多年的梦想就要实现了！”面对父老乡亲热切期盼的眼神，习近平同志也按捺不住激动

① 本书编写组编著《让群众过上好日子——习近平正定足迹》，河北人民出版社、人民出版社2022年版，第218页。

的心情，他站起来说：“改革开放以来，福州的变化日新月异，但在这样的大好形势下，我们千万不要忘了那些生活条件困难的群众。改造棚屋区就是维护人民群众的利益，是一件好事。”他接着对参加座谈会的居民代表说：“请给大伙捎个话，政府一定不辜负大家的期盼，把好事办好。”习近平同志组织的这次调研，以“角色代入”的方式让干部置身其中，想群众所想、急群众所急，切实解决人民群众关心的问题。这充分体现了习近平同志对人民群众切身利益的关心，也体现了他高超的调研艺术。

（**资料来源** 中央党校采访实录编辑室：《习近平在福建》上册。）

三、调查研究能够赢得群众对党的理解和支持

（一）调查研究的过程可以向群众作出宣传和解释

第一，调查研究提供了宣传解释的平台。党的宗旨是全心全意为人民服务，党在每一个时期的中心任务和工作根据不同时期形势和社会主要矛盾的变化，有其不同的内容。根据党的中心任务和工作内容的不同，党会制定每一时期的路线方针政策，包括具体领域内的政策措施。可以说，每一时期的政策措施都是在不同层面不同程度上为推进人民的现实利益和根本利益服务。政策措施出台后，很难一下子得到群众的认可和接受，需要一个逐步认识和理解的过程，甚至部分群众一开始还会对其存在某种怀疑和误解。群众在对党的政策措施完全信任和了解之前，往往会带有观望、犹豫、不积极等行为特点。在此情况下，调查研究就提供了一个向群众作宣传解释的重要平台和渠道，达到沟通交流、澄清政策原意、解疑释惑的目的。调查研究通过这种点上的“解剖麻雀”，不仅可以了解群众的思想状况，还能以点带面，抓典型、树先进，必要的时候先行试点，试点实际上也是一种无形的宣传、解释、展示的方式，借

助榜样的力量、成功的经验和生动的案例，让一部分先觉悟的群众典型发挥传播、辐射效应，带动更多的人和群体理解和支持党的政策措施，从而更好地团结动员群众，做好群众工作。在此意义上，调查研究已经是群众工作的一部分和必要环节，是党的政策措施能够顺利实施的重要保障。

第二，调查研究是有效宣传解释政策的基础和前提。三湾改编以后，红军逐渐改变了军队的单纯军事观点，军队的任务即打仗、筹款、做群众工作，尤其是群众工作被明确列为红军三大任务之一。“红军的打仗，不是单纯地为了打仗而打仗，而是为了宣传群众、组织群众、武装群众，并帮助群众建设革命政权才去打仗的，离了对群众的宣传、组织、武装和建设革命政权等目标，就是失去了打仗的意义，也就是失去了红军存在的意义。”①向群众宣传、解释党在不同时期的路线方针政策是群众工作的重要内容之一，也是使群众对党的任务和工作理解、支持的重要方式。要想有效地向群众作宣传和解释则必须以调查研究为基础和前提，建立在调查研究基础上或者说是充分运用了调查研究成果的宣传和解释工作，才能针对现实和群众的实际情况，抓住群众的关切点和兴趣点，使之更加具有说服力，极大提升工作实效性。相反，盲目、漫无目的的宣传和解释只能陷入低效率和无效果的状态，即使党员领导干部使尽浑身解数，扯破喉咙、喊破嗓子，也可能无人问津、应者寥寥，也就失去了宣传和解释的意义。

（二）调查研究的过程能够征求群众的意见和建议

推进党的事业向前发展的动力永远存在于群众的支持之中，所以，了解群众对党的任务和工作的意见和建议不仅有利于改进党的工作，而

① 《毛泽东选集》第1卷，人民出版社1991年版，第86页。

且有助于提升群众对党的任务和工作的理解和支持，通过调查研究可以做到这一点，这也是践行群众路线的具体体现。

政策措施本身或在执行中总会存在不尽如人意的地方，可能引发群众对党的任务和工作的不满和抵触，甚至是排斥。情绪就是晴雨表，能够直观反映群众对党的任务和工作是否支持以及予以支持的程度。党员领导干部通过群众的情绪反映，能够探知群众的积极和消极倾向。一旦群众中弥散过多消极倾向，就会不利于党和人民事业的发展。在调查研究中加强接触和交流，主动征求群众的意见和建议，探寻其中的原因，有利于安抚群众，减缓和消弭群众不良情绪，增强群众对党的任务和工作的信任和支持。

通过调查研究征求群众意见和建议，“要做这件事，第一是眼睛向下，不要只是昂首望天”①。调查研究本质上排斥官僚主义，能够向群众展示党员领导干部的谦逊态度和良好作风。同时，调查研究可以克服党员领导干部的主观主义，做到“一切为群众的工作都要从群众的需要出发，而不是从任何良好的个人愿望出发”②。这样做能够树立群众的主体地位，有助于赢得他们对党的任务和工作的理解。而且，群众的意见和建议如果能够被接纳，群众就会发自内心地拥护和支持党的工作，正如“我们做出的决定包括了下面干部提出的正确意见，他们当然拥护”③。这也是毛泽东多次提出“有事多和群众商量”的深刻意蕴之所在。所以，吸取群众意见和建议的调查研究，有利于实现党的正确领导，而党的正确领导又为获得群众对党的任务和工作的支持提供了必要条件。

在调查研究中征求群众的意见和建议，能够及时发现党的任务和工

① 《毛泽东选集》第3卷，人民出版社1991年版，第789页。
② 《毛泽东选集》第3卷，人民出版社1991年版，第1012页。
③ 《毛泽东选集》第4卷，人民出版社1991年版，第1441页。

作中的短板与不足，以便有针对性地加强整改、予以完善。在此基础上，加大党员领导干部督促检查的力度，查漏补缺，跟踪反馈落实情况，并将改进结果及时向群众通报，有利于调动社会方方面面的积极性，凝聚和形成完成党在不同时期历史任务的强大合力。从此意义上来看，“调查研究是一个推动工作的过程”[①]，使党的工作不断减少失误，日益精进完备，从而进一步地赢得群众对党的任务和工作的拥护和支持。

---

① 习近平：《干在实处 走在前列——推进浙江新发展的思考与实践》，中共中央党校出版社2006年版，第534页。

第七章 调查研究与党性修养

党性是一个政党固有的本质属性，是阶级性最高和最集中的体现，是党的性质、目标、宗旨、作风、纪律等各方面要素的综合反映。不同的阶级或政党有不同的党性，共产党员的党性是无产阶级阶级性最高、最集中的表现，是衡量党员阶级觉悟高低和立场是否坚定的准绳。党性修养亦称党性锻炼，是“党的性质、宗旨、纲领和作风的集中体现，也是每个党员的立身之本”[①]。党性修养因其内在性特点，被称为共产党人的“心学”，对党性修养的理解主要包括价值和真理两个维度。调查研究与党性修养之间有着内在的逻辑一致性，提升调查研究能力有助于增强党性修养。

一、认识党性修养的维度

（一）价值维度：人民立场

历史唯物主义告诉我们，人民是历史的创造者和真正的英雄。只有马克思主义高扬起人民的旗帜，给予了人民应有的历史地位。阶级社会，无论是奴隶社会、封建社会还是资本主义社会，产生时其先进阶级的革命都

---

① 徐光春主编《马克思主义大辞典》，崇文书局2018年版，第839页。

还是为小部分人的利益服务，而占人口绝大多数的广大劳动人民仍然遭受着被压迫和被剥削的命运。这些社会形态的更替无非是一种私有制取代另一种私有制，一种剥削阶级代替另外一种剥削阶级，本质上并没有太大变化，所以“过去的一切运动都是少数人的或者为少数人谋利益的运动。无产阶级的运动是绝大多数人的、为绝大多数人谋利益的独立的运动”[①]。无产阶级运动的核心即无产阶级政党的领导，无产阶级政党集中代表了无产阶级和广大劳动人民的利益，以埋葬资本主义社会、解放全人类为己任和崇高使命，它是以人民利益为旨归的大众性政党。中国共产党是中国工人阶级的先锋队，也是中国人民和中华民族的先锋队，“共产党是为民族、为人民谋利益的政党，它本身决无私利可图”[②]，其宗旨是全心全意为人民服务。中国共产党的党性说到底就是价值立场问题，它是唯物主义世界观、历史观和马克思主义价值论的集中反映，人民是党的力量源泉和执政之基。中国共产党的执政地位和历史使命决定，“我们共产党人特别是领导干部都应该心胸开阔、志存高远，始终心系党、心系人民、心系国家，自觉坚持党性原则”[③]。

党性修养最根本的就是要以马克思主义为指导，树立共产主义远大理想，坚守人民立场，明确党员领导干部的职责是为人民服务。应该说，党性修养在价值理念和终极意义上凝聚着全党共识，因而党员领导干部要做到理想信念坚定，这就是党性。习近平指出，“我常说要修炼共产党人的‘心学’，坚持学思用贯通、知信行统一，其中一个重要目的就是要求党员干部坚定理想信念、增强党性”[④]。而“理想信念坚定和对党忠诚是

---

① 《马克思恩格斯选集》第1卷，人民出版社1995年，第283页。
② 《毛泽东选集》第3卷，人民出版社1991年版，第809页。
③ 《习近平谈治国理政》，外文出版社2014年版，第395页。
④ 《习近平谈治国理政》第4卷，外文出版社2022年版，第523页。

理论链接

坚持从实际出发、实事求是，不只是思想方法问题，也是党性强不强问题。

——《习近平谈治国理政》第4卷

紧密联系的”[①]。由于中国共产党是为人民群众利益奋斗的政党，因而理想信念坚定必然表现为对党忠诚，二者完全一致。1941年，中共中央政治局通过的《关于增强党性的决定》中指出，“今天巩固党的主要工作是要求全党党员，尤其是干部党员，更加增强自己党性的锻炼，把个人利益服从于全党的利益，把个别党的组成部分的利益服从于全党的利益，使全党能够团结得像一个人一样”[②]。这实际上是从政治纪律角度要求党员领导干部加强党性锻炼，以党的整体利益为重，而维护党的整体利益本质上还是为了更好地实现人民利益，这是在特定历史环境和任务背景下对党性修养具体要求的一次强调。为了人民的利益、党的利益，要求党员领导干部自觉加强党性修养，三者统一于为人民服务的实践中，“我们共产党人为的是大公、守的是大义、求的是大我，更要正心明道、怀德自重，始终把党和人民放在心中最高位置，做一个一心为公、一身正气、一尘不染的人”[③]。

（二）真理维度：实事求是

为了实现为人民服务这一价值目标，党员领导干部要通过自己的工作予以落实。工作效果大致

① 《习近平谈治国理政》第4卷，外文出版社2022年版，第524页。

② 中共中央文献研究室编《毛泽东年谱（1893—1949）》中卷，中央文献出版社2013年版，第311页。

③ 《习近平谈治国理政》第4卷，外文出版社2022年版，第534页。

可以分为两类：理念和决策符合客观实际，实现和促进了人民利益；理念和决策与客观实际不符，损害了人民利益。这样，党性修养就从对人民立场的维护和坚守置换为主观与客观是否相符，即能否做到一切从实际出发，实事求是。鉴于主观主义不是从客观实际出发，而是从主观愿望和臆想出发认识和对待事物，对革命造成过严重危害，毛泽东在延安时期就将其视为党和人民的大敌、党性不纯的表现，号召将其彻底打倒，“这种反科学的反马克思列宁主义的主观主义的方法，是共产党的大敌，是工人阶级的大敌，是人民的大敌，是民族的大敌，是党性不纯的一种表现。大敌当前，我们有打倒它的必要。只有打倒了主观主义，马克思列宁主义的真理才会抬头，党性才会巩固，革命才会胜利。我们应当说，没有科学的态度，即没有马克思列宁主义的理论和实践统一的态度，就叫做没有党性，或叫做党性不完全”①。《中共中央关于调查研究的决定》中指出，“粗枝大叶、自以为是的主观主义作风，就是党性不纯的第一个表现；而实事求是，理论与实际密切联系，则是一个党性坚强的党员的起码态度”②。在浙江工作期间，习近平就认为，求真务实是一种科学精神，一种扎实作风，一种党性要求，其真谛就是坚持一切从实际出发，解放思想，实事求是，与时俱进③。在此意义上，习近平精辟地指出，“坚持从实际出发、实事求是，不只是思想方法问题，也是党性强不强问题”④。为了强调实事求是的重要地位，他还引用他父亲的观点，“我们党讲党性，我看实事求是就是最大的党性”⑤。

实事求是是辩证唯物主义和历史唯物主义的世界观和方法论，是对

① 《毛泽东选集》第3卷，人民出版社1991年版，第800页。
② 《毛泽东文集》第2卷，人民出版社1993年版，第361页。
③ 中央党校采访实录编辑室：《习近平在浙江》上册，中共中央党校出版2021年版，第82页。
④ 《习近平谈治国理政》第4卷，外文出版社2022年版，第527页。
⑤ 《习近平谈治国理政》第4卷，外文出版社2022年版，第527页。

马克思主义基本立场、观点、方法的坚持和运用，是我们党的思想路线的精髓和最基本的思想方法、工作方法和领导方法，体现了马克思主义科学性与党性的统一。一切从实际出发，是实事求是的应有之义和基本前提，“坚持一切从实际出发，是我们想问题、作决策、办事情的出发点和落脚点”[①]。实事求是体现在党员领导干部的党性修养上，就是要说老实话、办老实事、做老实人，正如习近平对年轻干部的期待，“年轻干部要坚持以党性立身做事，把说老实话、办老实事、做老实人作为党性修养和锻炼的重要内容，敢于坚持真理，善于独立思考，坚持求真务实”[②]。可见，实事求是我们认识和理解党性修养的又一个基本维度。

价值维度与真理维度、人民立场和实事求是是党性修养的一体两面。价值维度是“求善”的过程，真理维度是“求真”的过程。实事求是在价值论意义上是人民立场的表现，人民立场在方法论意义上是实事求是的内在特质，二者相辅相成、相互交融、不可割裂、高度统一，正是在此意义上，“坚持实事求是，就要坚持为了人民利益坚持真理、修正错误”[③]。一方面，实事求是的“求真”态度，离不开为人民服务的宗旨，否则不能贯彻到底，也将失去意义，也就是说，实事求是不仅是“求真”的过程，也是为人民服务“求善”的过程；另一方面，践行为人民服务的宗旨也离不开实事求是的“求真”态度，践行为人民服务的宗旨不仅是“求善”的过程，也必须是“求真”的过程。事实证明，为人民服务的价值追求，如果离开实事求是的科学态度，就会事与愿违，甚至南辕北辙，最终损害人民的利益。从根本上说，党性不是抽象的，而是具体的、历史的，体现在一定的价值立场和思想方法之中。实事求是的过程

① 《习近平谈治国理政》第4卷，外文出版社2022年版，第526页。
② 《习近平谈治国理政》第4卷，外文出版社2022年版，第529页。
③ 习近平：《在纪念毛泽东同志诞辰120周年座谈会上的讲话》，人民出版社2013年版，第16页。

就是为人民服务的过程，为人民服务的过程也是实事求是的过程，二者贯穿统一于革命、建设、改革和新时代中国特色社会主义伟大实践中。

二、调查研究与党性修养的一致性

辩证唯物主义认为，实践是认识的来源，对党性修养的认识也同样来源于实践。调查研究作为重要的实践活动，对党性修养的认识也来源于调查研究。通过调查研究会发现，党员领导干部只有摆正自己的公仆角色，不断为实现人民利益而奋斗，全心全意为人民服务，在此过程中才能砥砺初心和使命，坚定人民立场；要实现人民利益，没有正确的思想方法是不行的，因而又必须做到一切从实际出发、实事求是。可以说，二者高度统一、缺一不可，具有同等重要的价值。没有前者，后者就失去了意义；没有后者，前者只能沦为空洞的口号。这就是党性修养认识的价值维度和真理维度。调查研究的过程就是深化对党性修养价值维度和真理维度及其统一性认识的过程，是不断从感性认识上升为理性认识，把握党性修养的本质和规律，获得真理性认识，然后回到实践，指导党性修养取得更大成就的过程，这一过程循环往复、以至无穷。可以说，没有调查研究就不可能有对党性修养真理维度和价值维度及其统一性的正确认识；没有真理性认识也即缺乏科学理论的指导，增强党员领导干部的党性修养就会陷入盲目和低效的状态。

（一）调查研究的目的与党性修养的价值维度相契合

就实质而言，党员领导干部调查研究的目的主要有两个方面。

其一，实现、维护和发展群众利益，既包括现实的利益，也包括长远的、整体的、根本的利益。一方面，要解决群众生产生活面临的实际问题，也可以说是现实利益问题。党在每一时期都有中心任务，但如果解决不了群众的现实利益问题，得不到群众的支持和拥护，党的中心任务就不可能得到很好的实现，诸如群众吃饭、穿衣、住房、疾病卫生、婚姻等问题，“总之，一切群众的实际生活问题，都是我们应当注意的问题”[①]。另一方面，维护和发展群众长远利益、整体利益和根本利益。党要制定不同时期的路线方针政策，以维护和发展群众的长远利益、整体利益和根本利益。无论是解决现实利益还是实现、维护、发展群众的长远利益、整体利益和根本利益，都要求通过调查研究予以保证，所以习近平强调调查研究要深、实、细、准、效，实质上就是为了确保人民利益的正确实现。调查研究不是走马观花，而是要直面矛盾和问题，寻求破解矛盾的“钥匙”，拿出解决问题的“药方”。[②]解决问题的“药方”最终是为了实现、维护和发展群众利益，这是党员领导干部人民立场的本质体现。

其二，建立与群众的密切联系。调查研究的过程，需要党员领导干部深入基层，和群众同甘共苦、打成一片，真切感受他们身上发生的烦心事、闹心事、糟心事，体会他们的喜怒哀乐，拉近与群众的心理距离。同时，虚心向群众学习智慧和本领，必然要求领导干部端正态度，“有眼睛向下的决心和甘当小学生的精神，迈开步子，走出院子，去车间码头，到田间地头”[③]，放下架子、俯下身子，亲民爱民，形成良好的工作作风。可以说，调查研究既是党员领导干部践行群众观点的表现，从某种程度上也是其接受唯物史观现场教育的重要形式。在鲜活的实践中体验“人民是历史创造者”的真谛，增强“党员领导干部是人民的公仆，人民是

① 《毛泽东选集》第1卷，人民出版社1991年版，第137页。
② 本书编写组：《干在实处 勇立潮头——习近平浙江足迹》，浙江人民出版社2022年版，第16页。
③ 习近平：《之江新语》，浙江人民出版社2007年版，第154页。

领导干部的主人”[①]的意识和情怀，强化人民立场。

从以上两个方面来看，调查研究的目的与党性修养的价值维度相契合或者说完全一致。

（二）调查研究的认识论意图与党性修养的真理维度相统一

辩证唯物主义认为世界统一于物质，一切从实际出发是这一原理的方法论要求，党员领导干部更要将此作为自身行事的根本依据与基本要求。“按照实际情况决定工作方针，这是一切共产党员所必须牢牢记住的最基本的思想方法、工作方法。”[②]同时，物质是运动变化的。如果事物在发展变化，而我们的思想仍然停留在原地，就必然会办错事。正如毛泽东在《反对本本主义》一文中所言，“斗争的发展使我们离开山头跑向平地了，我们的身子早已下山了，但是我们的思想依然还在山上”[③]。这句话既有当时特定的具体内涵，又具有普遍性的启示意义。要想使主观符合客观，使思想跟上变化了的形势，就必须依靠调查研究。调查研究是主观与客观连接的桥梁和纽带，“调查研究是一门致力于求真的学问，一种见诸实践的科学”[④]，能够全面深入了解客观真实情况，透过各种现象揭示事物的本质和规律。换句话说，只有通过调查研究这把活的尺子才能使人们的主观意识跟得上现实的变化发展，衡量认识是否符合实践。所以调查研究的认识论意图在于从实际出发，做到实事求是，也可以这样说，调查研究是实现实事求是的根本途径。

从另外的意义上看，调查研究就是为了反对主观主义、克服唯心精神而来，正如毛泽东在《反对本本主义》中所言，“你试试离开实际调查

---

① 习近平：《之江新语》，浙江人民出版社2007年版，第257页。
② 《邓小平文选》第2卷，人民出版社1994年版，第114页。
③ 《毛泽东选集》第1卷，人民出版社1991年版，第114页。
④ 习近平：《之江新语》，浙江人民出版社2007年版，第166页。

去估量政治形势，去指导斗争工作，是不是空洞的唯心的呢？这种空洞的唯心的政治估量和工作指导，是不是要产生机会主义错误，或者盲动主义错误呢？一定要弄出错误”[①]。不反对主观唯心精神，或者说，只要有主观主义作祟，就一定会在实践中摔跟头、遭遇挫折，这种避免不了的结局已经为革命、建设和改革的实践一再证实，所以“必须努力作实际调查，才能洗刷唯心精神”[②]。党员领导干部不同于一般的群众，其一旦决策错误或指导失误，造成的负面影响和消极后果将是巨大的，所以“我们需要时时了解社会情况，时时进行实际调查”[③]。

可见，调查研究在认识论意图上就是实现实事求是、反对唯心主义，而党性修养的真理维度也是从实际出发、实事求是，因此二者高度统一。

三、调查研究能够增强党性修养

（一）调查研究能够坚定人民立场

首先，从调查研究的性质看，调查研究本身就是一种良好的作风，体现了党员领导干部密切联系群众的好传统，但作风只是外表，好的作风体现的是内在的人民至上的党性修养。“作风问题根本上是党性问题。作风反映的是形象和素质，体现的是党性，起决定作用的也是党性。”[④]可见，党性是作风的内在本质，作风是党性的外在体现，二者是相互连接的统一体。坚定的党性必然带来优良的作风，反过来，优良的作风也一定有利于坚定党性的形成。在此意义上，只要坚持不懈地继承和发扬调

① 《毛泽东选集》第1卷，人民出版社1991年版，第112页。
② 《毛泽东选集》第1卷，人民出版社1991年版，第112页。
③ 中共中央文献研究室编《毛泽东 周恩来 刘少奇 朱德 邓小平 陈云论调查研究》，中央文献出版社2006年版，第61页。
④ 中共中央文献研究室编《习近平关于全面从严治党论述摘编》，中央文献出版社2016年版，第154页。

查研究的良好作风，真正把调查研究做实做细做深，为人民群众办实事办好事，就能够不断强化人民立场，提升党性修养。

其次，从调查研究的过程看，进基层、深入群众，和群众拉家常谈心，实际上是生动的党性修养课，而且这与理论上的党性修养课相比，更能带来强烈直观的认识和印象深刻的感受。“因为直接与基层干部群众接触，面对面地了解情况和商讨问题，对领导干部在认识上和感受上所起的作用和间接听汇报、看材料是不同的。”① 在此意义上，“现在通信很发达，通过打打电话、发发微信、看看材料也能了解很多情况，但毕竟隔了一层，没有现场看、当面听、直接问和‘七嘴八舌式’的讨论来得真实鲜活”②。因此，调查研究的过程使党员领导干部受到身临其境式的教育，能够增强人民至上意识，祛除身上的官僚主义作风和“衙门”习气。这种现场的真切感受，比阅读理论文章更能坚定人民立场，而且在向群众学习、请教的过程中，能够使党员领导干部牢记初心和使命，和群众建立更为密切的联系。

最后，从调查研究的结果看，党员领导干部运用调查研究成果，将其转化为正确的路线方针政策，进而转化为人民群众实实在在的利益。对经过充分研究、比较成熟的调研成果，及时上升为决策部署，转化为维护、实现和发展群众利益的具体措施和政策；对尚未研究透彻的调研成果，要更深入地听取群众和专家意见，完善后再付诸实施，不能草率从事，防止损害群众利益的行为发生，好事要办好；对已经形成举措、落实落地的，要及时跟踪评估，看是否真正有助于群众利益的维护、实现和发展，经过实践检验后，视情况加以完善、调整、优化。可见，调查研究的结果会转化为对群众利益的实现、维护和发展，这是践行党的

① 习近平:《谈谈调查研究》,《学习时报》2011年11月21日。
② 《习近平谈治国理政》第4卷，外文出版社2022年版，第526页。

性质和宗旨的真切体现。

总之，无论是从调查研究的性质、过程，还是从结果来看，调查研究都有利于不断坚定人民立场，强化宗旨意识，提升党性修养。

（二）调查研究能够做到实事求是

毛泽东对“实事求是”作了经典的阐释，“实事”就是客观存在的一切事物，“是”就是客观事物的内部联系，即规律性，“求”就是我们去研究。通俗地讲，就是“我们要从国内外、省内外、县内外、区内外的实际情况出发，从其中引出其固有的而不是臆造的规律性，即找出周围事变的内部联系，作为我们行动的向导”①。调查研究是实现实事求是的根本途径，贯穿于实事求是的全过程，没有调查研究就没有实事求是。

第一，调查研究能够使党员领导干部把握“实事”。坚持一切从实际出发，就是要把客观存在的事物作为观察和处理问题的根本出发点，而不能从“本本”出发，这是马克思主义认识论的根本要求和体现。可以说，实现实事求是最基础的工作就是搞清楚“实事”，即弄清楚确凿的事实，要了解实际、掌握实情，这是党员领导干部进行一切决策和公务活动所必需也是唯一可靠的前提和基础。掌握“实事”的唯一途径就是调查研究，而且是正确的调查研究，在此意义上，毛泽东发出号召，“一，不做调查没有发言权。二，不做正确的调查同样没有发言权”②。习近平强调，调查研究是谋事之基、成事之道。没有调查研究，就没有发言权，更没有决策权。弄清楚事实，既需要调查也需要研究。在考察的客观情况中，可能存在偶然现象，也可能存在假象，如果将偶然现象当成必然现象，将假象当作真相，以这样的“实事”出发，必然会得出错误的结

① 《毛泽东选集》第3卷，人民出版社1991年版，第801页。
② 《毛泽东文集》第1卷，人民出版社1993年版，第267—268页。

论。这就需要在调查中分析，在分析中调查，经过多次反复，抛开事物的偶然联系，探寻必然联系，拂去假象，让真相露出真容，才能真正把握“实事”。

第二，调查研究能够使党员领导干部做到“求是”。坚持实事求是关键在于“求是”，即探求和把握事物的本质和规律。“求是”既是以调查研究为前提，又以调查研究贯穿“求是”的始终。党员领导干部依靠客观存在的事实，在详尽占有材料的基础上进行研究和探求，充分发挥自身的主观能动性。对事物本质和规律的认识只能在实践中通过调查研究来完成，由感性认识上升到理性认识，再用理性认识指导实践，不断检验、修正、丰富和发展理性认识，这是认识事物本质和客观规律的根本途径，也是把握事物本质和客观规律的必由之路。调研中，要进行去粗取精、去伪存真、由此及彼、由表及里的精心分析和研究，抓住事物的本质和症结所在，反映事物的全貌和特征，找到解决问题的有效办法和途径。[①] 陈云坚持不唯书、不唯上、只唯实，他总结的“六字诀”经验是防止唯心精神或主观主义的良方，其实就是“求是”的过程，也是调查研究的过程，“要少犯错误，就要避免认识上的片面性。其方法，我概括为三条：一、交换，二、比较，三、反复”[②]。这三条经验之谈的“六字诀”实际上是调查研究在全面准确认识事物过程中的具体运用。交换意见是对主观认知的调查研究，比较是对客观事物的调查研究，反复既是对主观认知也是对客观事物的反复调查研究，这样才能获得真知，也就是求得“是”。

通过调查研究能够做到实事求是，前提是要有正确的调查研究，也就是实事求是地进行调查研究。在调查研究过程中，如果方法不够科学或者由于种种原因，特别是面对难以承受的压力，党员领导干部未能最

---

① 中央党校采访实录编辑室：《习近平在浙江》上册，中共中央党校出版社2021年版，第80页。

② 《陈云文选》第1卷，人民出版社1995年版，第343页。

终坚持调查研究的结果，同样不可能做到实事求是。在此意义上看，“在调查研究中能不能、敢不敢实事求是，不只是认识水平问题，而且是党性问题”①。

当年毛泽东领导秋收起义严重遇挫，他在实事求是分析实际情况后，果断对原计划作出改变，放弃了会攻长沙的部署，带领起义军向敌人统治力量薄弱的农村山区转移，不仅避免了革命力量无谓的牺牲和革命事业的重大挫折，而且成功探索出“农村包围城市”这样一条不同于俄国十月革命的道路。毛泽东之所以能够求得“是”、觅得中国新民主主义革命的“真经”，就在于其在长期严酷的革命斗争实践中，锤炼出一整套科学的工作方法：“极端重视对实际事实的周密调查，坚持从当时当地的具体情况出发，充分考虑到客观事物方方面面的复杂因素和变动状况，集中群众智慧又经过审慎的深思熟虑，找出切实可行的解决问题的办法，用来指导工作，而不是根据想当然或不合实际的第二手材料，轻率地决定政策。这种科学的工作方法，自觉地贯穿在他日后领导中国革命的全过程中，在实践中继续丰富和发展，并用以教育全党和全体人民。这是中国革命能够取得胜利的极其重要的原因。”②

延伸阅读

毛泽东果断放弃攻打大城市，中国革命道路“柳暗花明”

在湘赣边界起义的原定计划严重受挫的情况下，起义军立刻需要作出抉择：是继续进攻还是实行退却？如果退却的话，向哪里退却？继续进攻长沙，是中共中央原来的决定，不这样做会被加上“逃跑”的罪名。

① 习近平：《谈谈调查研究》，《学习时报》2011年11月21日。
② 中共中央文献研究室编《毛泽东传》（一），中央文献出版社2011年版，第226页。

中国共产党在武装斗争方面，以往也只有过向城市进攻的经验。但在当时敌我力量悬殊的实际情况下，这样做只会导致全军覆没。面对如此两难的抉择时，这个决心是很不好下的。

九月十九日晚，毛泽东在文家市里仁学校主持召开有师、团主要负责人参加的前敌委员会会议，讨论工农革命军今后的行动方向问题。工农革命军第一师师长余洒度仍坚持“取浏阳直攻长沙”，这是符合中共中央的主张的，起义部队中也有不少人抱有这种情绪。毛泽东清醒地对客观形势作出判断，认定当地农民起义并没有形成巨大声势，单靠工农革命军的现有力量不可能攻占国民党军队强固设防的长沙，湖南省委原来的计划已无法实现，断然主张放弃进攻长沙，把起义军向南转移到敌人统治力量薄弱的农村山区，寻找落脚点，以保存革命力量，再图发展。提出这个主张，在当时是需要有极大勇气的。会议经过激烈争论，在总指挥卢德铭等支持下通过了毛泽东的主张，“议决退往湘南”。

对初创时期的弱小的革命军队来说，为了避免在力量不够的时候同强大的敌人决战，为了求得自身的生存和发展，唯一的办法就是把进军方向转向农村，特别是转向两省或数省交界的山区。从进攻大城市转到向农村进军，这是中国人民革命历史中具有决定意义的新起点。

这个决定，从形式上看似乎是后退，其实是一个突破性的进展。它既符合当时中国的具体情况，也符合马克思列宁主义的基本原则。邓小平一九七八年在谈到中国共产党实事求是的优良传统时说道，列宁曾经领导布尔什维克党在帝国主义世界的薄弱环节俄国搞革命取得胜利，我们中国军阀分割，先到敌人控制薄弱地区搞革命，“这在原则上是相同的”，不过，我们不是先搞城市而是先搞农村。

（**资料来源** 中共中央文献研究室编《毛泽东传》[一]。）

党的二十大刚刚闭幕，以习近平同志为核心的新一届中央政治局常委即赴延安、红旗渠等地考察调研，传承红色精神和优秀传统文化，彰显不忘初心、牢记使命的决心。这实际上也是一次通过调查研究、增强党性修养之旅，向全党昭示新时代增强党性修养的有效方法和可靠途径，对全体党员尤其是党员领导干部具有很强的示范效应和借鉴意义。

第八章 调查研究与优良作风

中国共产党在长期革命、建设和改革实践中形成了理论联系实际、密切联系群众、批评与自我批评三大优良作风，是党的思想路线在干部工作作风中的反映，成为中国共产党区别于其他党派的显著标志。就实质而言，党的优良作风的背后是实事求是的思想路线，实事求是就是从客观存在的事物出发，求得其内部的规律性，而“求”必然包含了调查研究，所以调查研究是实现实事求是、正确分析客观事物的根本途径。离开了调查研究，实事求是的思想路线就成了空中楼阁，“皮之不存，毛将焉附”，也就不可能有党的优良作风。空谈误国、实干兴邦，党的光荣传统和优良作风确保了党的事业的成功，在新时代仍然具有很强的现实意义。我们要“弘扬党的光荣传统和优良作风，促进党员干部特别是领导干部带头深入调查研究，扑下身子干实事、谋实招、求实效”[①]。在党的三大优良作风中，由于批评与自我批评主要适用于党内政治生活，对党员领导干部的社会作为意义不够直接，故本章主要阐述理论联系实际、

① 习近平：《高举中国特色社会主义伟大旗帜 为全面建设社会主义现代化国家而团结奋斗——在中国共产党第二十次全国代表大会上的报告》，人民出版社2022年版，第68页。

密切联系群众这两大作风与调查研究之间的关联。

一、调查研究能够实现理论联系实际的优良作风

（一）实践需要何种理论指导依赖于调查研究

理论如果不与实际相联系，就会一无用处。毛泽东常说要用马克思主义之箭射中国革命之的，就是指要做到理论和实际的紧密结合。唯有如此，才能发挥理论指导实践的功用并使自身得到发展，而实践也确实需要理论的指导，“没有革命的理论，就不会有革命的运动”[①]。理论能够增强行动的自觉性、主动性和可预见性，并使其达到预期的效果，所以理论与实际之间存在相互需要、相互支持的关系。从实际出发是关键，理论必须符合实际的需要、为实践服务，“按照实际情况决定工作方针，这是一切共产党员所必须牢牢记住的最基本的思想方法、工作方法”[②]。进一步而言，理论要与实际实现对接，必然需要调查研究，从而获知实践到底需要什么样的理论。近代以来，中国逐步成为半殖民地半封建社会，各种救亡改造思潮纷至沓来，旧的顽固的封建主义、资产阶级旧民主主义方案等都在中国实践中

理论链接

任何一个部门的工作，都必须先有情况的了解，然后才会有好的处理。在全党推行调查研究的计划，是转变党的作风的基础一环。

——《毛泽东选集》第3卷

① 《列宁专题文集 论无产阶级政党》，人民出版社2009年版，第70页。

② 中共中央文献研究室编《毛泽东 周恩来 刘少奇 朱德 邓小平 陈云论调查研究》，中央文献出版社2006年版，第152页。

被证明是失败的。连独立的主权和领土完整都不能获得起码的保证，也就是“在一个很长的时期内，即从一八四〇年的鸦片战争到一九一九年的五四运动的前夜，共计七十多年中，中国人没有什么思想武器可以抗御帝国主义”[①]。即便是社会主义，也可谓流派纷呈，既有马克思主义，也有无政府主义，如克鲁泡特金的互助论，日本武者小路实笃的新村主义，俄国托尔斯泰的泛劳动主义，流行于北美的工读主义等。[②]

先进的中国人反复思考、实践、鉴别、比较、选择，例如毛泽东曾设想通过改良的方式在湖南实行自治，然后推广到全国各地，但都遭到了挫折，“事实的教训，使他终于摆脱开对社会改良道路的最后一点幻想，使他更加义无反顾地走上革命的道路，下这个决心实在是不容易的。一旦下定了决心，他再也没有回过头”[③]。毛泽东是一个崇尚独立思考、不会轻易下决心的人。他对各类学说、思想、主义比较后，坚定地说，马克思的学说最管用，一是中国社会需要，二是中国革命需要，三是一旦被中国马克思主义者掌握住了，中国就发生大作用。后来在同斯诺的谈话中，他明确表示，到1920年夏天，在理论上，而且在某种程度的行动上，他已成为一个马克思主义者了，而且从此他也认为自己是一个马克思主义者了。实践需要什么样的理论集中体现在先进中国人的苦苦寻觅与探索的是什么上。可以说，中国之所以最终选择了马克思主义作为指导，在于中国人民在实践中检验了其真理性，其基本立场、基本观点、基本方法是科学的，从根本上适应了中国革命、建设和改革实践的要求。

---

① 《毛泽东选集》第4卷，人民出版社1991年版，第1513—1514页。

② 中共中央文献研究室编《毛泽东传》(一)，中央文献出版社2011年版，第54页。

③ 中共中央文献研究室编《毛泽东传》(一)，中央文献出版社2011年版，第69页。

（二）理论如何指导实践需要调查研究

理论是对一定实践经验的理性抽象，任何理论都有其适用的条件和范围，离开了这一条件和范围，理论就会失去其真理性的内核。而现实实践则是丰富多彩的，要实现理论对实践的正确指导，首先要通过调查研究探讨具体的实践是否在理论关照的范围以及满足理论适用的条件；其次要通过调查研究，了解实际情况，才能明确理论应用的侧重点、方式等问题。对我们而言，“绝不能要求马克思为解决他去世之后上百年、几百年所产生的问题提供现成答案”[①]。换句话说，“马克思的整个世界观不是教义，而是方法。它提供的不是现成的教条，而是进一步研究的出发点和供这种研究使用的方法”[②]。在我们党的历史上，早期由于理论上的不成熟，一些党的领导人生搬硬套经典作家的特定理论和个别词句，几乎给中国革命带来灭顶之灾。为什么毛泽东之前的革命领导者未能带领中国革命走向成功？“问题的关键在于理论要与实际相结合，就是马克思主义的普遍真理要与中国革命的具体实践相结合。”[③]

譬如暴力革命是马克思主义的一条普遍法则，对当时俄国和中国这样落后的封建制、半封建制国家都适用，但由于俄国和中国国情不同，俄国工人阶级相对比较强大，而中国自然经济占主体地位，工人阶级力量弱小，农民则占人口数量的绝大多数。正因为如此，毛泽东在广泛调查研究、摸清国情的基础上，才提出并逐步走出了一条不同于苏俄城市武装起义，首先在农村建立根据地、走农村包围城市的暴力革命之路。教条主义之所以会给中国革命带来严重损失，根本上就在于脱离中国活

---

① 《邓小平文选》第3卷，人民出版社1993年版，第291页。

② 《马克思恩格斯选集》第4卷，人民出版社1995年版，第742—743页。

③ 金一南：《正道沧桑》，人民出版社2022年版，第87页。

生生的现实，无视鲜活的具体实践和变化发展的实际，机械套用所谓的理论。正如习仲勋所指出的，“任何革命理论、原则的实行，都必须同当时当地的实际情况相结合，教条主义之所以错误，就因为它不问实际情况，完全从本本出发，生搬硬套”①。可以说，忽视调查研究，就不可能实现理论对实践的正确指导。

（三）理论与实践的良性互动建立在调查研究的基础上

人民群众是最活跃、最具有革命性的实践主体，富有首创精神，能够带来实践的创新和发展，从而突破原有理论的适用阈限，使理论落后于实践的发展。这样，理论对实践的指导作用就会减弱，甚至会束缚实践的发展，实现理论的突破和创新就会被提上日程。根据实践发展的新情况，在调查研究的基础上，掌握实践发展的规律，对原有理论进行修正完善、加入新的富有时代性和不同地域特点的内容，从而实现理论的创新，而理论的创新又会进一步推动实践创新。实践创新为理论创新提供不竭的动力源泉，理论创新为实践创新提供科学的行动指南。经过深入调查、研究现实情况，秋收起义失败后，毛泽东果断放弃了向大城市进军，而是转向敌人统治力量比较薄弱的湘赣交界地区，创立农村革命根据地。农村革命根据地实践的成功发展，又进一步完善了毛泽东农村包围城市的革命道路理论，在工农武装割据实践中“作出新的理论概括”②，“中国共产党领导下的新民主主义革命的理论，是在实践的探索中一步一步形成的”③。改革开放后，实践的发展要求突破传统计划经济理论的束缚。邓小平1992年南方之行可以说是一次广泛意义上的调查研究，

---

① 习仲勋:《红日照陕甘》，载薛庆超编《红军长征回忆录精选》，人民出版社2020年版，第379页。
② 中共中央文献研究室编《毛泽东传》(一)，中央文献出版社2011年版，第187页。
③ 中共中央文献研究室编《毛泽东传》(一)，中央文献出版社2011年版，第190页。

把握了社会主义的本质，其标志性成果就是“南方谈话”，打破了传统计划经济观念，又进一步完善了中国特色社会主义理论。相反，如果调查研究搞得不好，理论创新脱离了实际，用脱离了实际的理论指导实践，就会错上加错，产生坏的结果，导致理论创新与实践创新陷入恶性循环。可见，理论与实践良性互动的基础是在尊重客观规律的基础上发挥人的主观能动性，而能否尊重客观规律，取决于运用调查研究对规律的发现和把握。历史已经证明并将继续证明，凡是调查研究搞得好的时期，理论创新与实践创新就能形成良好互动，中国革命、建设、改革事业就会阔步向前。因此，调查研究是理论创新与实践创新互动过程呈现良性发展态势的基础保障。

实践需要何种理论指导、理论如何指导实践以及实现理论与实践的良性互动，都要建立在调查研究的基础之上。党员领导干部是运用调查研究这件利器的主体，如果不运用调查研究或调查研究运用不当必将导致领导上的失误，轻则影响本部门本地区，重则贻害国家。在此意义上，“现在我们很多同志，还保存着一种粗枝大叶、不求甚解的作风，甚至全然不了解下情，却在那里担负指导工作，这是异常危险的现象”①。习近平在浙江工作期间即深谙理论联系实际之道，提倡大力弘扬求真务实的精神和

理论链接

调查研究是密切联系群众的重要途径，是加强党的作风建设的切入点和重要环节。

——习近平：《干在实处　走在前列——推进浙江新发展的思考与实践》

① 《毛泽东选集》第3卷，人民出版社1991年版，第789页。

作风，“大力弘扬求真务实精神、大兴求真务实之风，主要途径就是深化理论武装求真谛，深入调查研究重实际，努力用党的最新理论成果武装头脑、指导实践”[①]。既要努力学习理论，又要勇于实践，在调查研究中实现理论和实践的高度统一。

二、调查研究能够确保密切联系群众的优良作风

（一）党员领导干部依靠调查研究了解群众情况

党员领导干部做调查研究，全面掌握真实情况，能了解人民群众的愿望和要求，同人民群众始终保持联系。一般而言，调查研究是党员领导干部的主动“下沉”行为，面向群众、面向基层、面向实践去了解群众的生产生活实际及其愿望和要求。无论是调查研究中发现问题还是解决问题，都是以同群众保持密切联系为条件的，所以调查研究本身就是良好作风的具体表现。作风扎实的调查研究更是密切联系群众的重要途径，习近平为党员领导干部树立了很好的榜样。在正定任职期间，“习近平下乡，总是很自然地和农民一起坐在地上、石头上，和他们聊庄稼活儿，拉家常。到农户家，老百姓拿饭碗端水给习近平，他接过来就喝，没有丝毫的犹豫和嫌弃”[②]。他在宁德工作时，把信访作为联系人民群众的桥梁和纽带、了解社情民意的窗口和化解社会矛盾的稳压器，不是等着群众来“上访”，而是主动在调查研究中“接访”，领导干部要主动到基层接访群众，在信访中倾听人民的呼声，了解人民的愿望，把群众的声音作为改进工作和作风的营养品。[③]习近平说，到浙江任职后，他每年至少用三分

① 中央党校采访实录编辑室：《习近平在浙江》上册，中共中央党校出版社2021年版，第82页。
② 本书编写组编著《让群众过上好日子——习近平正定足迹》，河北人民出版社、人民出版社2022年版，第209页。
③ 中央党校采访实录编辑室：《习近平在宁德》，中共中央党校出版社2020年版，第117页。

之一以上的时间深入基层和部门调查研究，“几年下来，我几乎跑遍了浙江的山山水水，也跑深了与浙江广大干部群众的真切感情，并在实践中逐渐跑透了浙江的省情市情县情”①。

如果党员领导干部高高在上，长期不能深入群众，致使攸关群众利益的问题未能得以及时处理，民声怨气就可能通过各种非正规渠道消极地呈现出来。这实际上是针对作风问题发出的警讯，说明党员领导干部调查研究、密切联系群众不够，未能第一时间了解、掌握民情民意。若发现及时，深入查摆问题成因，进而彻底解决问题，则又可以成为密切联系群众的契机，推动作风建设的进步。如何处理此类情况，就要看党员领导干部能不能有一个正确的态度和宽广的胸怀。中国共产党是为人民“打天下”和“坐天下”的，本身没有什么私利可图，这就决定了党员领导干部必须时时处处以人民的利益为重，不计较个人的荣辱、得失、进退，要有闻过则喜的气度，虚心听取来自人民的各种意见和批评，善于顺势利导，变危为机，“把群众的呼声作为作风建设的第一信号，把群众的需要作为作风建设的第一需求”②。

延伸阅读

民怨的背后是作风问题

一九四一年六月三日，陕甘宁边区政府召开县长联席会议，讨论征粮问题。天正下着雨，会议室突然遭到雷击，延川县代县长李彩云被闪电击死。事后，一个农民便说：老天爷不睁眼，咋不打死毛泽东？保卫部

① 习近平：《干在实处 走在前列——推进浙江新发展的思考与实践》，中共中央党校出版社2006年版，第3页。

② 习近平：《之江新语》，浙江人民出版社2007年版，第263页。

门要把这件事当作反革命事件来追查，被毛泽东制止了。这个农民的话引起了毛泽东的深思：一个农民为什么会说出这样的话来，它反映我们工作中到底存在什么问题？毛泽东后来谈到这件事时说："一九四一年边区要老百姓出二十万石公粮，还要运输公盐，负担很重，他们哇哇地叫。那年边区政府开会时打雷，垮塌一声把李县长打死了，有人就说，唉呀，雷公为什么没有把毛泽东打死呢？我调查了一番，其原因只有一个，就是公粮太多，有些老百姓不高兴。那时确实公粮太多。要不要反省一下研究研究政策呢？要！"

（**资料来源** 中共中央文献研究室编《毛泽东传》[二]。）

毛泽东对于这件事反映的工作中存在的问题，没有明确说明，实际上就是工作作风问题。毛泽东"挨骂"没有暴跳如雷，更没有对群众进行"弹压"、实施打击报复，而是在"挨骂"中了解了群众的意见和心声，经过和中央其他领导同志的深入调查发现，"确实公粮太多"，"加重了人民的负担"。他见微知著，下决心与中共中央、中央军委和陕甘宁边区政府的领导同志一道解决这一问题。后来的一系列措施，如精兵简政、开展大生产运动等，进一步密切了党员领导干部与群众的联系，使党中央在延安的执政根基更为牢固。

（二）党员领导干部依靠调查研究向群众学习

实践出真知，人民群众是社会实践的主体和历史的创造者，拥有丰富的实践经验和知识，值得党员领导干部学习。要知道人民群众的智慧是无穷的，"必须明白：群众是真正的英雄，而我们自己则往往是幼稚可笑的，不了解这一点，就不能得到起码的知识"[①]。向群众学习的过程就是

① 《毛泽东选集》第3卷，人民出版社1991年版，第790页。

党员领导干部放低姿态，深入群众，与群众建立密切联系的过程。实质上，之所以要进行调查研究是因为党员领导干部对某些方面的知识比较欠缺，对事物的本质和规律把握不够，所以调查研究不仅是一种工作方法，也是一种学习方法，领导干部要通过调查研究，向基层干部群众学习，了解掌握第一手的情况。[①]毛泽东当年搞寻乌调查的缘由，用他自己的话说就是，“关于中国的富农问题我还没有全般了解的时候，同时我对于商业状况是完全的门外汉，因此下大力来做这个调查”[②]。调查研究不仅能够使党员领导干部掌握第一手资料，而且能够拓展其视野，提升其分析问题、解决问题的能力。在此意义上看，“调查研究的过程，是领导干部提高认识能力、判断能力和工作能力的过程”[③]。

通过调查研究向群众学习，更为与群众建立密切联系提供了良好的条件。

第一，调查研究所需要的态度使得与群众建立密切联系成为可能。调查研究过程中，任何调查对象都是老师，值得尊敬和感谢。毛泽东进行兴国调查和长冈、才溪两乡调查时，找的都是乡级工作同志和普通农民，“这些干部、农民、秀才、狱吏、商人和钱粮师爷，就是我的可敬爱的先生，我给他们当学生是必须恭谨勤劳和采取同志态度的，否则他们就不理我，知而不言，言而不尽”[④]。因此要想搞好调查研究，领导干部必须放下架子、虚心向群众学习，而不是高高在上、颐指气使，这实际上为和群众建立密切联系扫除了障碍。

第二，调查研究的过程，与群众同甘共苦、打成一片，本质上形成了与群众的密切联系。为了让群众讲真话，消除隔阂感，党员领导干部

① 中央党校采访实录编辑室：《习近平在浙江》上册，中共中央党校出版社2021年版，第272页。
② 《毛泽东文集》第1卷，人民出版社1993年版，第118页。
③ 习近平：《谈谈调查研究》，《学习时报》2011年11月21日。
④ 《毛泽东选集》第3卷，人民出版社1991年版，第790页。

必然要想办法缩小与群众的心理距离。毛泽东在闽西根据地经常进行调查研究，“毛委员主持的这样的座谈会、调查会不是一问一答式的，而是开得很生动活泼，像是在唠家常，有说有笑的”①。在兴国调查中，“我们的调查会是活泼有趣的，每天开两次甚至三次，有时开至深夜，他们也并不觉得疲倦”②。这样的调查研究自然会密切与群众的联系。有些党员领导干部为了探究真实情况，方便向群众请教，还进行长时间的连续蹲点，甚至与基层群众同吃同住同劳动，共同分析问题和解决问题。与群众同甘共苦、打成一片，势必会深化与群众的联系和感情。

第三，调查研究的结果有利于密切与群众的联系。对党员领导干部而言，除了能够了解情况、为民办事之外，“调查研究也是一个自我学习提高的过程”③。这种提高不仅是能力上的，学到了方法和智慧，更有政治素质方面的提升。党员领导干部运用调查研究的结果解决了问题、推动了工作，在实践中充分感受到群众的伟大与力量，就会从内心深处产生对群众的敬意、激发公仆情怀，有利于夯实群众观点、坚定人民立场、增强宗旨意识和责任担当，在和群众的接触中不忘初心、牢记使命，而这反过来又会进一步使党员领导干部自觉加强与群众的密切联系。

总之，“调查研究是密切联系群众的重要途径，是加强党的作风建设的切入点和重要环节”④。党的十八大之后，新一届中央政治局刚刚成立就审议通过了八项规定，成为新时代改善党的工作作风、密切联系群众的纲领性文件，彰显了以习近平同志为核心的党中央以作风建设破题推动全面从严治党向纵深发展的决心和意志，而中央八项规定的第一条就是

① 曾志：《一个革命的幸存者：曾志回忆录》，四川人民出版社2020年版，第88—89页。
② 《毛泽东文集》第1卷，人民出版社1993年版，第255页。
③ 习近平：《干在实处 走在前列——推进浙江新发展的思考与实践》，中共中央党校出版社2006年版，第534页。
④ 习近平：《干在实处 走在前列——推进浙江新发展的思考与实践》，中共中央党校出版社2006年版，第535页。

要改进调查研究，到基层调研要深入了解真实情况，总结经验、研究问题、解决困难、指导工作，向群众学习、向实践学习，突出了党员领导干部调查研究在作风建设中的基础性地位和支撑性作用。

三、调查研究能够抵制破坏党的优良传统的不良作风

（一）调查研究能够克服形式主义、官僚主义

形式主义主要是知行不一、不求实效，文山会海、花拳绣腿，贪图虚名、弄虚作假。官僚主义则是脱离实际和群众，高高在上、漠视现实，唯我独尊、自我膨胀。习近平对形式主义、官僚主义有诸多深入的思考，“形式主义背后是功利主义、实用主义作祟，政绩观错位、责任心缺失，只想当官不想干事，只想出彩不想担责，满足于做表面文章，重显绩不重潜绩，重包装不重实效。官僚主义背后是官本位思想，价值观走偏、权力观扭曲，盲目依赖个人经验和主观判断，严重脱离实际、脱离群众”[①]。形式主义和官僚主义并非截然分开，而是经常陷入相互纠缠、相互促发的恶性循环状态，官僚主义引发形式主义，形式主义助长官僚主义，已经成为影响我们事业发展的一大祸害。[②]它们均脱离群众，丧失群众观点和人民立场，把人民利益置于脑后，看重个人的名利得失，从某种意义上说，“形式主义也是官僚主义”[③]。可以说，“形式主义、官僚主义是目前党内存在的突出矛盾和问题，是阻碍党的路线方针政策和党中央重大决策部署贯彻落实的大敌”[④]。而调查研究能够坚持实事求是的思想路

① 中共中央党史和文献研究院编《习近平关于力戒形式主义官僚主义重要论述选编》，中央文献出版社2020年版，第45页。

② 本书编写组：《十一届三中全会以来历次党代会、中央全会报告 公报 决议 决定》下册，中国方正出版社2008年版，第726页。

③ 《邓小平文选》第3卷，人民出版社1993年版，第381页。

④ 《习近平谈治国理政》第3卷，外文出版社2020年版，第502页。

线、密切联系群众，从本质上与二者截然对立。所以，调查研究是党员领导干部克服形式主义、官僚主义的利器。

第一，调查研究能够抵制形式主义、官僚主义的领导方式。毛泽东将对形式主义的认识置于批判教条主义视域之下，特指在执行层面上不根据实际情况进行讨论和审察，单纯建立在“上级观念”基础上，一切唯上级马首是瞻、唯命是从。“为什么党的策略路线总是不能深入群众，就是这种形式主义在那里作怪。”①不顾客观实际，盲目地表面上完全无异议地执行上级指示、机械执行命令，只会把工作搞砸。而调查研究从实际出发想问题、办事情，探求事物的本质和规律才能够取得成功。毛泽东还概括了当时群众工作中官僚主义的两种表现：一种是不理不睬或敷衍塞责的怠工现象，另一种是命令主义。毛泽东尖锐地指出，官僚主义与群众化领导方式即工人、农民都喜欢接受的方式相对立，这对动员群众、任何革命工作都是不该有的，所以“要把官僚主义方式这个极坏的家伙抛到粪缸里去，因为没有一个同志喜欢它”②。与之相反，调查研究则是一种群众化的领导方式，要求虚心向群众学习，拜群众为师，密切与群众的联系。所以，调查研究有利于荡涤党员领导干部身上的官僚作风和“衙门”习气，祛除对群众麻木不仁的做派和心态。

第二，调查研究能够找到克服形式主义、官僚主义的方法。调查就是解决问题，不深入实际调查研究，既无法把握形式主义、官僚主义的表现及其变异形态，不能分析其产生的深层次原因，也找不到加以矫治的方法。毛泽东在《长冈乡调查》中指出，“反对官僚主义的最有效方法，就是拿活的榜样给他们看”③。通过调查研究，找出工作效果好的榜样加以

① 《毛泽东选集》第1卷，人民出版社1991年版，第111页。
② 《毛泽东选集》第1卷，人民出版社1991年版，第124页。
③ 《毛泽东文集》第1卷，人民出版社1993年版，第277页。

对比，反衬出官僚主义领导结果的拙劣，实际上治理形式主义同样需要如此。除此之外，应对形式主义、官僚主义还要根据实际情况，有针对性地找出具体应对之措。习近平在正定任职是其从政的开始，对克服形式主义、官僚主义作出了有益的探索。1983年12月，《中共正定县委关于改进领导作风的几项规定》印发，作出“六项规定”：一、总揽全局，抓大事；二、反对官衙作风，注重工作实效；三、搞好“一班人”团结，维护县委领导的统一；四、以身作则，不搞不正之风；五、加强学习，不断提高领导水平；六、树立雄心壮志，为四化争先创优。在“六项规定”的基础上，县委、县政府还出台了关于改进文风会风的规定，力度之大、措施之实，前所未有：县委、县政府的各类文件均在去年的基础上压缩三分之一；综合性会议报告一般不超过七千字，单项会议报告一般不超过五千字，向上级报告工作一般不超过三千字，工作简报一般不超过一千字；全县三级干部会议一般每年不超过两次，局部性和阶段性工作一般不召开会议，可以采取文字通知、电话会议、分片传达部署或领导深入基层直接交代的方式进行部署；建立会议审批卡制度，批准后始得举行，乡党委书记、乡长参加的会议经县委书记、县长批准，其他领导班子成员参加的会议经主管书记和副县长批准……这次对“文山会海”雷厉风行的治理缘起于一次调研。

延伸阅读

调研促使出台治理“文山会海”的举措

“六项规定”出台不久，习近平又下定决心搬“文山”、填“会海”。事情缘起于一次调研。

1984年3月初，习近平和县委办公室的两位同志下乡到了朱河乡，乡党委书记一见习近平，就诉起苦来。

“2月份，乡干部上县里开会17次，再加上乡里的会，会太多了！似乎积极工作的表现就是干部们聚在一起没日没夜地发言、讨论、研究。”

“还有，要求上报的报表、总结、汇报和县里各部门下发的文件、简报、通知，太多了。上边来人，都点名要乡党委书记和乡长接待，迎来送往，太耗费精力了。”

年轻的乡党委书记竹筒倒豆子般地反映了一堆问题。

习近平的脸上露出了愠色：“这件事要在常委会上研究。”

他非常严厉地说：“要搞无会议日，每周起码两天，全县严格执行。除县委、县政府和公安局三家外，其他单位一律不准出简报。违反者，第一次警告，第二次直接没收打字机。县机关干部下乡，找对口人员联系，不能大事小事都缠住书记、乡长。”

（**资料来源** 本书编写组编著《让群众过上好日子——习近平正定足迹》。）

（二）调查研究能够抑制享乐主义、奢靡之风

享乐主义是一种消极颓废的思想，追求物质享受和感官快乐使人意志消沉、丧失进取精神，表现为精神懈怠、不思进取，追名逐利、贪图享受，讲究排场、玩风盛行。奢靡之风就是奢侈浪费、骄奢淫逸的风气，表现为铺张浪费、挥霍无度，大兴土木、节庆泛滥，生活奢华，甚至以权谋私、腐化堕落。享乐主义滋生奢靡之风，奢靡之风助长享乐主义，二者互为表里关系。享乐主义、奢靡之风并非新鲜事物，在革命战争年代即已存在，毛泽东曾批评红四军部分将士希望队伍开到大城市、最不乐意在生活艰难的红色区域工作即属于此。可以说，如果不注意狠刹享乐主义和奢靡之风，确实会引起党和国家会不会改变颜色的问题，年轻

干部沾染享乐主义和奢靡之风更可怕。习近平在2021年春季学期中央党校（国家行政学院）中青年干部培训班开班式上指出，年轻干部要时刻警醒自己，培育积极健康的生活情趣，坚决抵制享乐主义、奢靡之风，永葆共产党人清正廉洁的政治本色。实际上，调查研究作为党员领导干部的基本工作方法，在强化无产阶级“三观”、继承和发扬党的优良传统、及时发现不良倾向并加以应对方面发挥了积极作用，对抑制享乐主义和奢靡之风具有治本之效。

调查研究能够强化无产阶级的世界观、人生观和价值观。享乐主义、奢靡之风说到底是剥削阶级腐朽的世界观、人生观、价值观在工作、生活中的反映。中国共产党作为无产阶级的先锋队、中华民族的先锋队和中国人民的先锋队，是为人民打江山、坐江山，为人民谋幸福、为民族谋复兴、为世界谋大同，党员领导干部必须树立无产阶级的世界观、人生观和价值观，但每个人都不是生活在真空之中，党员领导干部也不例外，因此会受到一些错误思潮的侵袭。这就需要党员领导干部经常接受学习教育，提升思想免疫力，做到警钟长鸣、时时自省。调查研究是强化无产阶级世界观、人生观、价值观教育的重要渠道。党员领导干部的调查研究，“民之所忧，我必念之；民之所盼，我必行之”，深入田间地头，为群众办好事、实事，帮助群众排忧解难。习近平调研时，每到群众家中，常会问一问，还有什么困难，父老乡亲的话都记在心里。[①]始终同人民群众站在一起、想在一起、干在一起。在此过程中，能够净化灵魂，拒斥头脑中的不良成分，“先天下之忧而忧，后天下之乐而乐”，把人民利益放在最高位置，巩固为人民服务的价值立场，强化无产阶级远大理想信念，对于坚持“站在最大多数劳动人民的一面”，坚持“把屁股端端地坐在老百姓的这一面”有着重大教育意义。从某种意义上说，某

① 《习近平谈治国理政》第4卷，外文出版社2022年版，第65页。

些腐朽思想的滋长是脱离群众造成的。调查研究就是为人民服务、践行党的性质和宗旨的体现，因此经常性的调查研究对于强化正确的世界观、人生观和价值观具有不可替代的重要意义。

调查研究能够继承和发扬勤俭节约、艰苦奋斗的优良传统。勤俭节约、艰苦奋斗的优良传统与享乐主义、奢靡之风根本对立。党员领导干部的调查研究有利于继承和发扬勤俭节约、艰苦奋斗的优良传统，从根本上抑制享乐主义、奢靡之风的滋生蔓延。勤俭节约、艰苦奋斗一直是中华民族的优良传统，这在基层群众中表现得尤为明显。调查研究是党员领导干部主动向下了解情况、与群众接触，实际上也是向群众展示自己、接受监督的过程，群众的眼睛是雪亮的，因此在群众面前不仅不能“摆架子”、要特权，而且必须和老百姓一样勤俭节约、艰苦奋斗，更好地融入群众，赢得他们的好感和认可，群众才能够将他们所知道的情况知无不言、言无不尽，否则党员领导干部和普通群众之间就会产生隔膜，前者从后者了解到的信息就可能大打折扣。不仅如此，调查研究的客体不只是发达地区和先富人群，从某种意义上说，对贫困地区和低收入群体的调查研究价值更大，这样可以使党员领导干部全面了解真实情况，避免沉浸在歌舞升平的幻象中滋生享乐思想和奢靡做派，而且在和贫困群众的接触和交流中，更容易激发和保持其勤俭节约、艰苦奋斗的作风。可以说，党员领导干部对贫困地区、人群的了解越多越深入，越容易强化崇尚节俭、艰苦奋斗的作风。此外，调查研究就是千方百计为群众解决困难和实际问题的过程，和接地气的基层群众打交道，有利于培养党员领导干部健康向上的生活情趣，磨炼其不畏艰难、锐意进取的思想品格。

调查研究能够及时发现享乐主义、奢靡之风的倾向并予以应对。享乐主义、奢靡之风决非一朝一夕形成的，是在一定的客观和主观条件之下形成的。一般情况下，当革命、建设和改革取得成功或阶段性成就时，享乐主义和奢靡之风就有了滋生的现实环境，但如果主观认识跟得上，能够居安思危，提升风险意识、忧患意识，加强思想改造，主动予以防范，就可能将其消灭于萌芽和初始阶段。这就需要通过调查研究，准确把握客观形势的变化，了解党员干部队伍中的思想状况，及早发现并从根源上予以应对。在新民主主义革命即将取得全面胜利之际，毛泽东前瞻性地提出“两个务必”思想，告诫全党要经受住“糖衣炮弹”的袭击，新中国成立初期的整风整党和“三反”运动等，都是建立在广泛深入调查研究的基础上，为抑制享乐主义和奢靡之风作出了贡献。当前，第一个百年奋斗目标业已完成，正向第二个百年奋斗目标迈进，一些党员领导干部有思想麻痹、松懈松劲的心态，要加强调查研究，及早发现和抑制享乐主义和奢靡之风在部分领域和个别地方的滋长势头，牢记“奢靡之始，危亡之渐”的古训。

无论如何，作风问题绝对不是小事，“如果不坚决纠正不良风气，任其发展下去，就会像一座无形的墙把党和人民群众隔开，我们党就会失去根基、失去血脉、失去力量”①。形式主义、官僚主义、享乐主义和奢靡之风被统称为“四风”，它们背弃了人民立场，违背了实事求是的思想路线，究其原因是党性出现了问题，而调查研究能够增强党性修养，既提升思想作风，又改善工作作风，从根本上抑制“四风”的存在。党员领导干部作为作风建设的主体，要继承和发扬党的优良作风与传统，应将注重调查研究、提升调查研究能力作为重中之重。

---

① 《习近平谈治国理政》，外文出版社2014年版，第387页。

第九章 调查研究的方法

作为中国共产党传家宝和党员领导干部基本功的调查研究必须以辩证唯物主义世界观和方法论为指导，采取正确的立场、态度和作风，通过践行群众路线进行调查研究，完成调查和研究两个阶段以及感性认识和理性认识两个过程。只有以马克思主义理论为指导的调查研究才能融世界观、认识论、方法论为一体，显著区别于其他调查研究，并且具有多种独特功能和重要作用。

中国共产党的调查研究作为实事求是的根本途径，不只是了解实际的具体方法和原则性的一般方法，还上升为促进主观和客观相统一、理论与实际相结合的重要方法论。在方法论指导下最常见、最有效的调查研究方法是典型调查，开调查会则是最简单易行和最常用的了解实际的具体调查技术方法。进入新时代的调查研究既要赓续优良传统，也要充分运用现代信息技术。

一、党员领导干部的调查研究要以马克思主义理论为指导

（一）用辩证唯物主义的世界观和方法论指导调查研究

调查研究之所以能成为我们党的传家宝，成为党做好一切工作的基础，成为党员领导干部必须掌握的基本功，关键在于调查研究是认识世界的基本方法和实事求是的根本途径。中国共产党在马克思主义理论指导下，通过对中国具体实际的调查研究，实现了马克思主义基本原理与中国实际的有机结合，推动了马克思主义中国化、时代化的不断发展。中国共产党的调查研究，无论采用什么样的具体方法和先进技术，首要和根本的都是要运用马克思主义理论进行指导。

中国共产党所倡导的调查研究与其他调查研究最大的区别是有无马克思主义理论进行指导。有了马克思主义理论指导，拥有马克思主义的立场、观点，才会把人民群众看作社会实践主体和创造历史的动力，才会真正重视社会实践，才能够深入人民群众之中进行调查研究。运用马克思主义理论指导调查研究，必须掌握辩证唯物主义世界观和方法论。辩证唯物主义把实践作为认识的基础，不但重视深入人民群众的实践进行调查研究，而且强调要对实地调查获得的材料进行发展的、普遍联系的、系统的研究分析，要从客观实际中认识和掌握其内在的本质规律并作为行动的指导。

运用辩证唯物主义世界观和方法论指导的调查研究，与作为一般性研究方法的调查研究有着本质的区别。中国共产党运用辩证唯物主义指导下的调查研究，成为融世界观、认识论、方法论为一体并且具有多种独特功能和作用的调查研究，不再只是认识世界的一种普通方法。在世界观层面，中国共产党的调查研究要把人民群众作为主要调查研究对象，

向人民群众学习、拜人民群众为师；在认识论层面，要立足于人民群众实践把握客观事物的本质和规律；从方法论层面，调查研究从实践到认识再到实践的过程，也是“从群众中来、到群众中去”的过程，调查研究与群众路线在方法上具有内在的一致性和统一性。

如果没有马克思主义理论的指导，不能运用辩证唯物主义的世界观和方法论，调查研究将不能发挥出远远超出认识世界的多种独特功能，不能在马克思主义基本原理与中国具体实际结合过程中发挥基础性的关键作用，也将无法成为克服主观主义的锐利武器。由此可见，对于党员领导干部而言，运用调查研究方法的基础和前提就是要学习马克思主义理论，学会运用辩证唯物主义的世界观和方法论。

（二）调查研究应该采取正确的立场、态度和作风

中国共产党的调查研究不只是方法和能力问题，还有调查研究的出发点和立足点的问题，即对待人民群众的态度和感情问题。党员领导干部开展调查研究必须站在人民群众的立场上，始终坚持一切为了群众、一切依靠群众的群众观点，调查研究的出发点和落脚点都应该是为了更好地实现和发展人民群众的利益。

调查研究的对象主要是人民群众以及人民群众的社会实践，要高度重视和尊重人民群众，牢记人民群众是社会实践的主体和创造历史的动力，拜人民群众为师、向人民群众学习，深入到人民群众中间进行调研。通过调查研究“向群众的实践请教”，按照毛泽东所号召的“到群众中作实际调查去！”[①]。

要深入了解人民群众的社会实践，要深入基层、深入群众，而不能高高在上、脱离基层。“要做这件事，第一是眼睛向下，不要只是昂首望

---

① 《毛泽东农村调查文集》，人民出版社1982年版，第9页。

天。没有眼睛向下的兴趣和决心，是一辈子也不会真正懂得中国的事情的。”[①]有了深入群众调查研究的兴趣和决心，如果不能真心拜人民群众为师，也不会有好的调查效果。“没有满腔的热忱，没有眼睛向下的决心，没有求知的渴望，没有放下臭架子、甘当小学生的精神，是一定不能做，也一定做不好的。必须明白：群众是真正的英雄，而我们自己则往往是幼稚可笑的，不了解这一点，就不能得到起码的知识。”[②]这就意味着党员领导干部的调查研究不但要深入基层群众中去调查，还必须对基层和群众秉持正确的认识和态度。

在深入群众调查研究的过程中，要准确了解客观实际情况就必须让群众讲真话。而让群众讲真话的关键是和群众做朋友，让群众切身感受到调查研究是为老百姓谋利益的。“怎样使对方说真话？各个人特点不同，因此，要采取的方法也各不相同。但是，主要的一点是要和群众做朋友，而不是去做侦探，使人家讨厌。群众不讲真话，是因为他们不知道你的来意究竟是否于他们有利。要在谈话过程中和做朋友的过程中，给他们一些时间摸索你的心，逐渐地让他们能够了解你的真意，把你当做好朋友看，然后才能调查出真情况来。群众不讲真话，不怪群众，只怪自己。”[③]毛泽东用自己兴国调查的例子，生动说明了参加调查的农民是如何从疑惧到成为毫无拘束的自家人的转化过程。“我在兴国调查中，请了几个农民来谈话。开始时，他们很疑惧，不知我究竟要把他们怎么样。所以，第一天只是谈点家常事，他们脸上没有一点笑容，也不多讲。后来，请他们吃了饭，晚上又给他们宽大温暖的被子睡觉，这样使他们开始了解我的真意，慢慢有点笑容，说得也较多。到后来，我们简直无拘无束，

---

① 《毛泽东农村调查文集》，人民出版社1982年版，第15—16页。
② 《毛泽东农村调查文集》，人民出版社1982年版，第16—17页。
③ 《毛泽东农村调查文集》，人民出版社1982年版，第27页。

大家热烈地讨论，无话不谈，亲切得像自家人一样。”①

毛泽东兴国调查实例生动地说明调查研究必须采取正确的立场、态度和作风。有了正确的立场、态度和作风，才能深入群众之中、密切联系群众并获得真实的情况。

（三）调查研究要走群众路线并把握好调查与研究两个阶段

对于党员领导干部而言，调查研究与群众路线在实施主体、目标对象和实施过程等方面都具有内在的一致性，两者实施的前提和基础都要具备群众观点。调查研究是践行群众路线的首要环节和工作基础，践行群众路线必须深入群众进行调查研究，两者构成了一种互相支撑、互相促进的紧密关系。就两者关系而言，调查研究可以说是群众路线的实践表达，调查研究的过程就是深入群众、走群众路线的过程。可以说，党员领导干部的调查研究必须要走群众路线。

调查研究采取践行群众路线深入群众、深入实际的方法，才能克服脱离实际脱离群众的主观主义的调查研究。以群众路线的方法来进行调查研究，在实践中就把党的思想路线和工作路线贯通为一体。是否能以群众路线方法进行调查研究，同时也可以成为考察干部对调查研究工作态度和人民群众态度的一个重要标准。毛泽东关于调查研究“向下看”“当小学生”“放下臭架子”等一系列比喻，既是对党员领导干部态度和作风的外在要求，也是对调查研究要走群众路线的内在要求。

以调查研究践行群众路线，使一切从实际出发，不调查没有发言权，成为全党思想和行动的首要准则。调查研究首先要“到群众中去”，了解群众的社会实践，调查获得信息和材料要“从群众中来”，依据调查材料作出决策后又要“到群众中去”，经过宣传解释化为群众的自觉行动，然

① 《毛泽东农村调查文集》，人民出版社1982年版，第27页。

后又依据“从群众中来”的意见对决策进行调整完善。“从群众中来，到群众中去”的群众路线践行过程，是一个循环往复不断深入群众调查研究的过程，同样也使深入群众的调查研究过程，就是一个践行群众路线的过程。

通过调查研究践行群众路线的过程就是党员领导干部密切联系群众并帮助群众解决实际问题的过程。任何现代化的先进技术手段，都不能代替深入群众之中的面对面调研，都不能作为不愿意深入基层、直面百姓困难的挡箭牌。调查研究不仅是了解情况的过程，也是与群众建立密切联系、培养群众感情的过程，是了解群众所思所愿所盼并为民办事的过程。以践行群众路线的方式调查研究，才能在调研过程中与群众打成一片，赢得基层群众的信任，进而听到实话、摸到实情、办成实事，实现调查研究的预期效果。

践行群众路线进行调查研究是调查研究的第一阶段，也就是深入群众进行调查获取感性认识的阶段。完整的调查研究还必须经感性认识阶段进一步达到理性认识阶段，把第一阶段获取的分散的不系统的资料，经过研究化为系统的正确的意见。高质量的调查研究必须把调查和研究两个阶段有效结合起来，贯通调查和研究两个阶段以及感性认识和理性认识两个过程，在通过调查阶段获得感性认识的基础上经过研究阶段达到理性认识。

正如扎实深入的调查研究要走群众路线，但存在不少脱离群众、不深不实的调查研究一样。高质量的调查研究本来包含调查和研究两个阶段，也同样存在调查和研究不够深入的问题，而且研究不够深入的问题更加突出。“有的同志下去，只调查不研究，装了一兜子材料，回来汇报一下写个报告就了事；有的领导干部连调研汇报也不听，调查材料也不看。这种调查多、研究少，情况多、分析少，不解决什么问题的调查研究，是事倍功半的。”[①]如果只调查不研究或者研究不够，不能对调查获得的材料进行深入的研究分析，则仍然只能停留在感性阶段，不能认识客观事物的本质特征和内在规律。如果不调查就研究，研究就会成为无源之水、无本之木，缺乏具体事实的有效支撑，得出的所谓理性认识很难站得住脚。

二、调查研究的主要方法

（一）调查研究工作方法论

调查研究作为把握实际的方法，一般主要是指了解实际的具体技术和方法。中国共产党的调查研究因为有了马克思主义理论指导，成为不只是了解实际的具体技术和方法，以及作为原则性和一般性方法层次的调查研究，还上升到了方法论层面的高度。也就是说，要准确理解和正确运用中国共产党所倡导的调查研究方法，首先要从方法论层面来理解。

延伸阅读

习近平调查研究工作方法论

据陪同习近平深入基层实际调研的工作人员回忆，习近平在调查研究方面具有一套系统的工作方法论：一是突出问题导向，针对性很强。从调研时机的选择，到调研主题的选定，再到调研方式、内容的确定，全都做到把握得当，从来都是有的放矢。二是深入细致，贴近实际。每次调研，习书记都会提前做充分准备，我们给他提供的材料，他事先都会

① 习近平：《谈谈调查研究》，《学习时报》2011年11月21日。

仔细地阅看。调研期间，他会抓住关键提出问题。尤其喜欢到基层现场去走一走，与普通群众包括教师、演员、职工或学生坐下来拉拉话，甚至到老百姓家里去看一看。三是高屋建瓴，善于提炼。他在调研中不是随便走走看看，而是非常善于发现问题、总结经验。每次调研走访、听取汇报后，他都会安排座谈，有时候现场座谈还不够，回到机关还要再召开座谈会或总结会，直到把问题谈透为止。

（**资料来源** 中央党校采访实录编辑室：《习近平在浙江》上册。）

作为方法论层面的调查研究要从实事求是作为思想路线和方法的地位与作用来认识。方法论的基本问题是主观和客观的关系问题，主观和客观关系问题是人在一切活动中遇到的最根本的矛盾，也是实际工作中的根本问题。主观主义的基本特征是主观和客观相分裂、认识和实践相脱离。与主观主义相对立的实事求是，就是主观和客观相一致，是一切从实际出发，使主观符合客观的思想路线和方法。实事求是成为解决主观和客观矛盾的最基本的方法，由此成为方法论的精髓和灵魂。由于调查研究是实事求是的根本途径，调查研究的过程就是在了解“实事”基础上进一步“求是”的过程，要做到实事求是必须进行调查研究。调查研究的目的不是为调查而调查，根本目的是实事求是，评价调查研究的重要标准就是看其能否做到实事求是。调查研究对于实事求是有着重要地位和作用，是促进主观和客观相统一、理论与实际相结合的重要方法论。

（二）作为一般性的调查研究方法——典型调查方法

在方法论指导下，作为原则性和一般性方法的调查研究，在发挥认识世界的基本方法和实事求是根本途径的作用方面，最常见最有效的调查研究方法就是典型调查方法。典型调查方法在对象范围选择方面不是全面调查、面面俱到，而是特别注意选取具有典型性的调研对象。“怎样找调查的典型？调查的典型可以分为三种：一、先进的，二、中间的，三、落后的。如果能依据这种分类，每类调查两三个，即可知一般的情形了。”[①]毛泽东一生中之所以特别重视典型调查，是因为典型调查具有两个方面的突出优点：一是典型调查范围有限，能够使调查比较深入和透彻，达到系统周密调查的要求；二是典型调查之所以典型，是因为它具有较强的代表性，能够在典型调查基础上达到一般性规律的认识，从而实现调查研究的目的。

调查研究过程往往会受到多种条件约束，要做到系统周密并达到规律性的认识并不容易，而典型调查的主要特点之一就是能够做到深入。“初次从事调查工作的人，要作一两回深入的调查工作，就是要了解一处地方（例如一个农村、一个城市），或者一个问题（例如粮食问题、货币问题）的底里。深切地了解一处地方或者一个问题了，往后调查别处地方、别个问题，便容易找到门路了。”[②]只有深入的调查才能取得好的调查结果，了解到问题的深处，达到对问题本质和规律的认识。“要拼着精力把一个地方研究透彻，然后于研究别个地方，于明了一般情况，便都很容易了。倘若走马看花，如某同志所谓‘到处只问一下子’，那便是一辈子也不能了解问题的深处。这种研究方法是显然不对的。”[③]典型调查方法因为能够做到深入和易行，成为毛泽东一生中运用次数最多也最为钟爱的调查研究方法。

典型调查方法要取得有效的调查结果，关键是要选择特别具有典型性的调研对象。毛泽东一生中进行的规模最大的调查是寻乌调查。毛泽东

① 《毛泽东农村调查文集》，人民出版社1982年版，第27页。
② 《毛泽东农村调查文集》，人民出版社1982年版，第10页。
③ 《毛泽东农村调查文集》，人民出版社1982年版，第56页。

之所以选择寻乌进行深入调查，就是因为寻乌具有较大的典型性。“寻乌这个县，介在闽粤赣三省的交界，明了了这个县的情况，三省交界各县的情况大概相差不远。”①与此同理，兴国调查是毛泽东于1930年10月底找了兴国第十区即永丰区的八个农民所做的调查，“这一区介在兴、赣、万之交，明白了这一区，赣、万二县也就相差不远，整个赣南土地斗争的情况也都相差不远”，②兴国显然也是毛泽东特意选取的具有典型性的调查对象。

典型调查之所以特别重视对调查对象的选取，是因为具有典型性的调查对象，在经过深入调查研究之后，能够得出具有一般性的结论。毛泽东把选择典型进行深入调查的方法形象地称为下马看花和解剖麻雀，把不选择典型的泛泛调查方法称为走马看花。走马看花的调查往往很难有真正的收获，“如果我们观察问题是走马看花的，各样都弄一点，这只是空花费了时间，一事无成”③。

毛泽东认为下马看花和解剖麻雀的典型调查不仅能使调查研究比较深入，还能达到获得一般规律性认识的调研目的。“对于担负指导工作的人来说，有计划地抓住几个城市、几个乡村，用马克思主义的基本观点，即阶级分析的方法，作几次周密的调查，乃是了解情况的最基本的方法。”④正是因为典型调查具有能够深入并且能够获得一般规律性认识的突出优势，它成为中国共产党最常见和最有效的调查研究方法。

在典型调查里面，有一类典型调查除了具备典型性，能够实现深入调研并获得一般性的规律认识之外，还因为是工作上的榜样模范和楷模代表而成为其他地方或其他领域的学习榜样。毛泽东的长冈乡调查和才

---

① 《毛泽东农村调查文集》，人民出版社1982年版，第42页。
② 《毛泽东农村调查文集》，人民出版社1982年版，第182页。
③ 《毛泽东农村调查文集》，人民出版社1982年版，第24页。
④ 《毛泽东农村调查文集》，人民出版社1982年版，第15页。

溪乡调查就是因为长冈乡和才溪乡是“苏维埃工作的模范”，“因为他们与群众的关系十分密切，他们的工作收得了很大的成效。发扬这些经验，收集更多的经验”[①]，把经过调查研究收集的经验给落后的地方以具体的和活的榜样，从而达到提高其他地方工作的目的。这种作为学习榜样和工作榜样的典型调查，更多地是为了推动政策更好地落实，是运用个别指导与一般号召相结合从而更好地推动一般号召落实的办法，也是通过总结经验更有效指导面上工作的有效方法。

（三）常用的具体调查方法

无论是下马看花、解剖麻雀的典型调查，还是走马看花的面上调查，调查研究中常用的调查方法主要有观察法、访问法、座谈会等方法。党员领导干部在深入基层调研中要注意体察民情，认真观察老百姓的精神面貌和生活状况，这样才能避免脱离群众的调研。在调研过程中既要看规定路线，又要有自选动作；既要看工作局面好的地方和先进典型经验，又要看困难和矛盾比较多的地方。习近平在调研过程中特别重视调研“后院”和“角落”，“对下面已经安排好的‘成绩展示’可能就不那么在意，他会去看一些很细节的地方，去寻找企业的困难点，问问企业发展中资金贷款、员工招聘等短板，看看农业生产的缺项，去群众家里掀开锅盖看看吃的什么，慰问哨所官兵时把手伸到战士被子里面看看潮不潮，等等”[②]。

观察法是调查研究中比较常用和基础的方法，单靠观察方法还不够，还需要采用访问和举行座谈会等方法，才能获得对调研问题的深入认识。在所有调查方法中，毛泽东最为推崇的调查方法是开调查会。“开调查会，

---

① 《毛泽东农村调查文集》，人民出版社1982年版，第287页。
② 中央党校采访实录编辑室：《习近平在福州》，中共中央党校出版社2020年版，第10页。

是最简单易行又最忠实可靠的方法，我用这个方法得了很大的益处，这是比较什么大学还要高明的学校。”[①]毛泽东所说的调查会，其实兼具访问和座谈两种方法的功能。通过开调查会进行讨论式的调查，可以避免调查成为少数人介绍经验的工具，经过调查会的辩论更容易得出正确的结论。

调查会要想取得好的效果，要特别注意寻找对调查主题熟悉并且能充足地供给材料的有经验人员参加。参加调查会的人员是否深切明了社会经济情况，对于调查研究的质量影响巨大。毛泽东在土地革命时期调查时，找的主要是中下级干部或老百姓，兴国调查找了八个当红军的农民，“寻乌调查找的是一部分中级干部，一部分下级干部，一个穷秀才，一个破产了的商会会长，一个在知县衙门管钱粮的已经失了业的小官吏。他们都给了我很多闻所未闻的知识”[②]。调查会参会人员除要真正有经验之外，还要具有多样性和广泛性，不能是完全同类的人员。至于开调查会是人多好还是人少好，则主要由调查人的指挥能力来决定，“但是至少需要三人，不然会囿于见闻，不符合真实情况”[③]。至于调查会召开的具体次数，可以根据调查内容需要和调查进展情况来确定。譬如寻乌调查开了十多天的调查会，兴国调查开了一个星期的调查会。寻乌调查举办的多次调查会，参加人数最少时是三个人，最多时是十一个人。毛泽东在寻乌调查中有一次专门询问有没有“卖妻鬻子”这样的事情，就是三个人开的调查会。“我就是历来疑心别人的记载上面写着‘卖妻鬻子’的话未必是确实的，所以我这回特别下细问了寻乌的农民，看到底有这种事情没有？细问的结果，那天是三个人开调查会，他们三个村子里都有这种事。”[④]

---

① 《毛泽东农村调查文集》，人民出版社1982年版，第16页。
② 《毛泽东农村调查文集》，人民出版社1982年版，第16页。
③ 《毛泽东农村调查文集》，人民出版社1982年版，第10页。
④ 《毛泽东农村调查文集》，人民出版社1982年版，第150页。

调查会要取得好的调查效果，需要调查者针对调查主题与要解决的核心问题事先准备好调查纲目。调查纲目要注意根据调查主题确定合适的大纲和细目，不要列入不必调查的项目，导致调查内容太过复杂。调查纲目要有明确的问题意识并需围绕要了解的中心问题展开，列出的调查纲目要有助于调查会进行讨论式的调查。“那种只随便问一下子，不提出中心问题在会议席上经过辩论的方法，是不能抽出近于正确的结论的。”①召开讨论式调查会的主要目的是寻求问题的有效解决办法。“怎样开调查会？一个调查会不仅提出问题，而且要有解决问题的方法。”②在寻求解决问题方法时要抓住主要矛盾，以主要矛盾作为认识问题和解决问题的出发点。

调查会要取得好的调查效果，还需要领导者亲自出马并全身投入。无论在任何领域担负领导工作，“一定都要亲身从事社会经济的实际调查，不能单靠书面报告，因为二者是两回事”③。不但要亲自出马调查，还要在调查会上亲自做记录。“调查不但要自己当主席，适当地指挥调查会的到会人，而且要自己做记录，把调查的结果记下来。假手于人是不行的。”④毛泽东是这么呼吁的，也是这样身体力行的。据毛泽东在《寻乌调查》中所记，“我们的调查会，就是我和以上十一个人开的，我做主席和记录。我们的会开了十多天”⑤。除亲自调查、亲自记录外，还自己收集和整理调查资料。“如何收集和整理材料？都必须自己亲身去做，在做的过程中找出经验来，用这些经验再随时去改进以后的调查和整理材料的工作。”⑥亲自调查、亲自记录和亲自收集整理材料，就是毛泽东调查研究经验的系统总结。

---

① 《毛泽东农村调查文集》，人民出版社1982年版，第9页。
② 《毛泽东农村调查文集》，人民出版社1982年版，第26页。
③ 《毛泽东农村调查文集》，人民出版社1982年版，第10页。
④ 《毛泽东农村调查文集》，人民出版社1982年版，第11页。
⑤ 《毛泽东农村调查文集》，人民出版社1982年版，第42页。
⑥ 《毛泽东农村调查文集》，人民出版社1982年版，第27页。

三、新时代的调查研究要赓续优良传统和运用现代技术

中国共产党在百年发展历程中所形成的调查研究方法论、典型调查等一般性调研方法，以及调查会等具体调研方法，已经成为在革命、建设和改革各个阶段取得事业发展的优良传统和宝贵经验，必须接续传承并且发扬光大。但新时代的调查研究不仅要赓续传承过去的老传统和好方法，还要充分结合新的信息技术、新的学科理论、新的调研方法、新的调研工具等进行创新发展。新时代的调查研究要充分利用信息社会带来的信息技术优势，在合适的情况下适当运用人工智能与大数据等现代信息技术手段进行数据收集分析，进一步拓展调研渠道、丰富调研手段、创新调研方式，通过多渠道、多主体、多方位、多手段的调查研究，构建立体化的调研网络，提高调查研究的效率和科学性。

在运用现代信息技术拓展调研渠道和方式手段的同时，要特别注意通过网络获取信息的真实性和代表性。网络信息鱼龙混杂、真假难辨，要特别注意网络信息的来源渠道和真实性。即使是来自网民的真实信息，因为数字鸿沟的存在，仍有大量不会上网或者即使上网但并不习惯运用网络表达意见的群体，要注意辨别网络信息的代表性。如果不注意网络信息的真实性和代表性，无论技术多么先进、渠道多么广泛，调查的结果并不一定符合客观实际。

即便运用现代信息技术手段，调查研究获取的信息解决了真实性和代表性问题，也并不能取代党员领导干部深入群众、深入基层的实地调研。习近平早在十多年前就敏锐地指出，“现在的交通通信手段越来越发达，获取信息的渠道越来越多，但都不能代替领导干部亲力亲为的调查研究。因为直接与基层干部群众接触，面对面地了解情况和商讨问题，对领导干

部在认识上和感受上所起的作用和间接听汇报、看材料是不同的”[①]。

调查研究既不能只固守传统而不进行创新发展，也不能单纯依靠现代信息技术而抛弃优良传统。调查研究承载了多种功能、发挥着多方面的重要作用，党员领导干部深入群众调查研究不只是了解情况获取信息这么简单。党员领导干部深入群众调查研究的过程，既是密切联系群众、加深和群众感情的过程，也是改造自身主观世界提高党性的过程，还是自我学习、提高自身能力的过程。这就意味着对于党员领导干部来说，键对键的交流永远不能代替面对面的沟通，调查研究既要键对键，更要面对面，赓续优良传统和运用现代技术要并行不悖、相得益彰。

延伸阅读

富阳以“线上民呼必应，线下昼访夜谈”双线联动实现调查研究赓续优良传统与运用现代技术的创新发展

杭州市富阳区大力继承和弘扬调查研究这个传家宝，同时运用现代数字技术打造线上“民呼必应”应用场景，成功实现了赓续调查研究优良传统和运用现代技术的创新发展。

富阳在赓续调查研究优良传统方面具有得天独厚的优势和条件。2004年，时任浙江省委书记习近平在富阳调研时指出：“调查研究是一个了解情况的过程；是一个推动工作的过程；是一个联系群众、为民办事的过程；是一个自我学习提高的过程。”习近平总书记关于调查研究的系统论述为富阳党员领导干部开展调查研究工作提供了理论基础和根本遵循。除了深入学习感受总书记关于调查研究的精辟论述外，富阳还认

① 习近平：《谈谈调查研究》，《学习时报》2011年11月21日。

真学习和传承弘扬1961年中央调查组深入群众坚持实事求是调查研究的优良作风。为了更好继承发扬调查研究的优良传统，富阳专门举办纪念中央调查组在富阳60周年暨作风传承研讨会，精心设立“中央调查组在富阳史料陈列室”作为教育党员干部传承弘扬调查研究的教育学习基地。据富阳区委常委、组织部部长万重丰介绍，富阳为贯彻落实习近平2004年4月在富阳考察时关于调查研究工作的明确要求，传承发扬我党注重一线调查研究的作风和与百姓同甘共苦的精神，富阳区委将调查研究作为一项制度性安排，在综合集成“第一书记”蹲点调研、城乡捆绑结对调研、组团联村日常调研等现有载体基础上，常态化开展昼访夜谈调查研究。富阳在调查研究方面实现了全区机关党员干部在调研人员上的全员参与、调研主题上的全域覆盖、调研内容上的精准集中、调研形式上的务实有效。

富阳在运用现代数字技术赋能调查研究方面，始终牢记习近平在杭州调研时提出的“民呼必应”的殷切嘱托，紧扣浙江全省数字化改革契机，开发线上“民呼必应”应用场景，让数字赋能实现群众诉求一键智达，群众可以随时随地提交个人需求或身边问题。通过“民呼必应”系统，实现全天候收集汇总群众信息，全过程回应办理群众需求。

富阳区以昼访夜谈继承调查研究，以民呼必应助力数字赋能，使数字技术与调查研究深度融合、线上线下相互联结，实现了全方位采集民意、倾听民声，全过程回应民需、解民所忧，是运用现代数字技术赓续传承调查研究优良传统的创新实践和生动写照。

（**资料来源** 中共杭州市富阳区委组织部、中共杭州市富阳区委党史研究室:《纪念中央调查组在富阳60周年暨作风传承研讨会资料汇编》。）

党员领导干部在赓续优良传统和运用现代技术加强调查研究的同时，

还要善于借助外部力量进行调研。通过借助现有党政决策系统的相关职能机构，指导和发动智库等专门的政策研究机构多渠道调研，可以进一步畅通和丰富多途径的决策信息来源。习近平既是亲自出马从事调查研究的典范，也是善于借力调研的高手。他在福州工作时首创老干部季谈会，把向老干部、老同志请教作为调研的一个渠道，此外还广泛借助媒体记者和专家智囊力量进行调研。[①] 习近平不仅自己借力调研，还号召党员领导干部都要学会借力调研，要充分发挥各地各部门特别是综合调研部门的作用，充分调动社会各界的研究力量，充分运用现代化的信息手段，做到点面结合、上下结合、内外结合。[②]

---

① 中央党校采访实录编辑室：《习近平在福州》，中共中央党校出版社2020年版，第83页。

② 中央党校采访实录编辑室：《习近平在浙江》上册，中共中央党校出版社2021年版，第78页。

后　记

自毛泽东提出“没有调查，没有发言权”的著名论断之后，调查研究就成为中国共产党推动马克思主义基本原理与中国实际相结合的基本方式以及克服主观主义的锐利武器。目前，虽然已经刊出不少有关调查研究的论文和著作，但与调查研究对中国共产党的重要地位和独特作用而言，相关研究仍需持续深入和系统拓展。

本书的完成得益于多个机构和专家老师的帮助和支持。受益于国家社会科学基金重点项目、山东省社会科学基金重大项目、北京市社会科学基金重大项目等重大项目的课题资助，我近几年得以对中国共产党领导力进行了较为深入的系统研究。正是对这些课题研究的积累，极大地拓展了我的研究视野，我才能自觉把调查研究置于中国共产党卓越领导力和百年历史发展的宏大进程中进行定位和分析。

本书能够从理论、实践和历史相结合的维度拓展对调查研究的思考，还要感谢国家公务员局和全国MPA教育指导委员会提供的宝贵培训机会，使我有机会参加在中国井冈山干部学院举办的“2022年全国MPA院长政治建设专题研讨班”，能够实地感受调查研究在中国共产党寻找革命道路实践进程中所发挥的历史伟力，加深了对调查研究的理论思考。井冈山和中央苏区时期是毛泽东一生中调查研究持续时间最长、调查研究最深入、调研成果最丰富的时期。为了传承弘扬调查研究的宝贵传统和优良作风，中国井冈山干部学院专门开设了调查研究专题研修班。得益于中国井冈山干部学院罗勇处长的热心支持和大力帮助，我有机会加深了对寻乌调查、兴国调查等系列调查的理解。

本书的写作是我和张立进副教授共同完成的，其中张立进副教授承担了本书第六章、第七章和第八章的写作。在本书写作过程中，我的博士研究生张晓彤、姚棵林参与了资料收集整理等相关工作，在此一并致谢。

本书能够加速面世，需要特别感谢国家行政学院出版社的诚挚邀请，让我在近一年的时间里集中精力投身于调查研究这个重大研究主题。可以说，没有国家行政学院出版社编辑老师的支持鼓励和极富专业水准的严格把关，这本书不会是现在这个样子，可能还需要更长的时间才能面世。

本书的完成不是结束，而是新的开始。本书就调查研究对于党员领导干部以及全党重要性的研究，以及对如何更好发挥调查研究在贯彻落实党的二十大精神中独特作用的研究，都需要在全党大兴调查研究之风和深入调查研究之中进一步深化和完善。

蔡礼强

2023年3月于北京

本书系山东省重大理论与实践项目、山东省社会科学基金重大项目、青岛社会科学基金重大项目“中国共产党领导力研究”（SDQDSKL）的课题资助研究成果。